# 数字が苦手じゃなくなる

山田真哉



光文社未来ライブラリー

0018

本書は、

**168万部突破**のミリオンセラー

**『さおだけ屋はなぜ潰れないのか?**

身近な疑問からはじめる会計学』(光文社新書)

の続編にして

**2冊で52万部を突破**した

『食い逃げされてもバイトは雇うな　禁じられた数字〈上〉』

『「食い逃げされてもバイトは雇うな」なんて大間違い　禁じられた数字〈下〉』

を合本にして、文庫化した、

**超・お得な1冊**です。

本書を読めば
ビジネスの裏側や会計の基礎を知ることができるだけでなく、
数字の見方・使い方を

**2時間でマスター**

することができます！

あなたの数字に対する
苦手意識は、
**200%**
**消えてなくなる**でしょう！

そしてさらに、
数字のウソや間違った常識に
**騙《だま》されない思考力**
をも、身につけることができます。

ビジネスの現場や
日々の家計・節約の場面で

**一生役立つ「道具」**

を、手に入れることができるのです。

それではさっそく、
私と一緒に
**1から学んで**いきましょう！

＊本書における「会計」の定義について
本書でいうところの「会計」とは、企業会計や管理会計・簿記《ぼき》・決算書といった具体的なものよりも大きな概念で、「金額重視主義」のような超合理的な考え方をも包括した幅広い意味で使用しています。

＊本書で述べている会計に関する内容は、新書判刊行の２００７年時点のものです。

＊本書で示す様々な事例は、２００７年時点の社会背景がベースになっています。

# 数字が苦手じゃなくなる　目次

## 第1部　食い逃げされてもバイトは雇うな

## 第1章 今日は渋谷で6時53分
### ——数字がうまくなるための技法



## 第2章 タウリン1000ミリグラムは1グラム
### ——ビジネスの数字がうまくなる

## 第3章　食い逃げされてもバイトは雇うな
### ——会計の数字がうまくなる

## 第4章　決算書の見方はトランプと同じ
### ——決算書の数字がうまくなる

# 第2部 「食い逃げされてもバイトは雇うな」なんて大間違い



## 第1章 数字の達人は、特になにもしない
### ――数字のウソ

## 第4章　ビジネスは二者択一ではない
### ——妙手を打て

## 終　章　会計は世界の½しか語れない
### ――会計は科学



本文図版デザイン（180、188、190、195、233、418ページを除く）
南雲治嘉・齋藤理奈子・五味綾子（株式会社ハルメージ）

# 第1部　食い逃げされてもバイトは雇うな

# はじめに　数字は、99%の意識と1%の知識

## 「さおだけ屋」より気になる「食い逃げ」

みなさん、「食い逃げ」を見たことがありますか？

全力で走って逃げる客と「食い逃げだあ！」といって追いかける店員——そんな光景、私は見たことがありません。

ホントは都市伝説なのでは？

ものすごく気になった私は、何人かに見たことがあるかどうか尋《たず》ねてみましたが、誰ひとりとして目撃者はいませんでした。

「それって昭和の話じゃないの？」といった反応がほとんどです。

そんなベタな食い逃げはもう絶滅したんだ、と私は落ち込みました。ところが——

ある日、なにげなくバラエティ番組を観ていたら、なんと食い逃げの証言が出てき

たのです。

司会者の方が、こんなことをいっていました。

「ラーメン屋でな、オヤジがひとりでやっとる店があるねん。オヤジが出前に出てしもうたら、客は代金をテーブルに置いて出るしかないんやけど、やっぱり、なかには食い逃げする客もおるわなあ」

それを聞いて、「食い逃げはいまでもあるんだ!」と私は叫びました。

となりで一緒に観ていた妻は、いきなり叫び出した私にびっくりしていましたが、もっとびっくりしたのは私のほうです。

なぜなら、司会者の方がつづけてこのようなことを言い出したからです。

「食い逃げが多いから、オヤジに『バイト雇《やと》わなアカンで』ってゆうてやったんやけど、オヤジ、ぜんぜんゆうこと聞かへんのやあ。アホやねん」

番組の出演者の方もみなさん、「オヤジさん、バカだなあ」とあきれていました。

観客は爆笑。となりで妻も笑っていました。

## ラーメン屋のオヤジはなぜバイトを雇わないのか?

その光景を見て、私は衝撃を受けました。もう食い逃げが実在するかどうかなんてどうでもよくなってしまうくらいに。

なぜなら、誰ひとりとして、バイトを雇うことに反対する人がいなかったからです。

そのオヤジさんがバイトを雇わない理由はのちほど本文で明らかにしていきますが、**感覚ではなく数字で考えていけば、「食い逃げが多いからバイトを雇う」という発想には絶対にならないはずです。**

オヤジさんは経営者としてまっとうな判断をしただけです。

実はこの話は、非常に会計的な問題なのです。

それなのに、誰もそのことを指摘しない、いや、指摘できない——。

私は会計士という職業柄、いつも数字で考える癖《くせ》がついています。しかし、会計士になる前は数字で考えるのは苦手で、やはり感覚でものごとを捉《とら》えていました。

おそらく、その頃の私だったら、テレビの前で他の人と同じようにオヤジさんのことを笑っていたでしょう。

しかし、いまでは、オヤジさんがバイトを雇わない理由が一瞬でわかります。

**会計の勉強をはじめてから、私は数字がうまくなりました。**感情に流されない、冷静な判断ができるようになったのです。

## 数字は誰でもうまくなれる

正しい訓練をすれば、字は誰でもうまくなれるそうです。歌もしかり。

同様に数字も、誰でもうまくなれます。

「数字は誰でもうまくなれる」――ちょっと変な日本語ですが、数字が「好きになる」でも「得意になる」でもなく、「うまくなる」という表現が私のなかではピッタリきます。

好きになることや得意になることは感情の問題ですが、うまくなることは技術の問題だからです。

好きになれるかどうかはわかりませんが、正しい訓練さえすれば、数字は誰でもうまくなれます。

テストでいうと、１００点を取れるかどうかはわかりません。でも、75点は取れるようになります。**うまくなるコツは〝99％の意識と1％の知識〟です。**

あなたはふだん、数字を意識したことがありますか？

ちょっと実験をしてみましょう。

**1. まず、この本から目を離してあたりを見回してください。そして、再び本を見てください。**

**2. それでは、つぎに赤色を意識して、もう一度あたりを見回してください。**

いかがでしょうか？　いろいろな赤色が目に飛び込んできたのではないでしょうか。洋服の赤、ファイルの赤、カレンダーの日曜日の赤など、ふだんなら気にも留《と》めていなかった赤色が見えたと思います。

これは、自己啓発セミナーなどでよく使われる手法なのですが、〝あなたの見ている世界〟と〝あなたの見えるはずの世界〟はぜんぜん違うということを示しています。

数字の場合も同じです。

**意識さえすれば、これまで見えていなかったものが見えてくるのです。**

まずは、いつも数字を意識する癖をつけてください。

## 「数字がうまい」とは？

数字がうまいとは、いったいどういうことなのでしょうか？

たとえば、つぎの文章を読んでください。

『テストでいうと、１００点を取れるかどうかはわかりません。でも、75点は取れるようになります。うまくなるコツは〝99％の意識と１％の知識〟です』

これは、25ページで読んでいただいた文章ですが、今度は数字を意識して読んでみてください。

――「１００点」「75点」「99％」「１％」と、私が意図的に数字を用いて文章を書いていたことがおわかりいただけたと思います。

仮に、数字を使っていなかったら、この文章はつぎのようになっていました。

『テストでいうと、満点を取れるかどうかはわかりません。でも、まあまあ取れるようになります。うまくなるコツは〝たくさんの意識とちょっとの知識〟です』

とても押しの弱い、漠然とした文章です。

この「はじめに」は、これから語っていくことの主題と目的を明らかにし、読者のみなさんに読む気になっていただくための大事な導入部分なので、漠然とした文章ではちょっとこまります。

そこで、インパクトと説得力を出すために、「100点」「75点」「99%」「1%」という数字を活用したのです。

**これが、数字のチカラです。意識して数字を使うことで、効果的な表現が可能になります。**

数字がうまい人は、こうやって数字を使いこなしているのです。

また、数字がうまい人は、他人が使った数字に対しても敏感です。

数字のチカラを利用して自分を説得しようとする相手に対し、その数字の正当性を見極めようと頭を働《はたら》かせます。

さらに、冒頭のラーメン屋のような、どこにも数字が出てこない話を聞いても、その裏にある数字を読み取り、冷静な判断ができるようになるのです。

## 数字がうまくなるメリット

本書の目的は、あなたに「数字がうまく」なってもらうことです。

そのために、数字がうまくなるためのコツ〝99%の意識と1%の知識〟について、具体例を交えながら詳しくお話ししていきます。

**数字がうまくなれば、インパクトや説得力のある文章が書けるようになるだけでなく、ビジネスにも強くなります。また、お金に対する見方も変わります。**

数字がうまくなることには、さまざまなメリットがあるのです。

また、多くの人が持つ会計に対する苦手意識の原因も、私は会計にあるのではなく、そのベースとなる〝数字〟にあると思っています。

**つまり、数字をちゃんと学んでいないのに会計なんてできるわけがないのです。**

前作の『さおだけ屋はなぜ潰れないのか？』では、身近な商売を通じて会計の考え方をご紹介しましたが、本書では、身近な数字を通じて、数字の見方や使い方から会計の基礎まで、幅広くご紹介していきます。

## 「使うべき数字」と「禁じられた数字」

ビジネスや会計の世界では、数字はつきつめれば2種類しかありません。

**それは、「使うべき数字」と「禁じられた数字」です。**

数字がその機能を最大限に発揮できる「使うべき数字」と、使ってはならない「禁じられた数字」——その両方を理解してはじめて、数字を使いこなすことができるのです。

本書では、この2種類の数字について語っていきます。

本書の構成は、第1部と第2部に分かれる2部構成です。

第1部では、数字がうまくなる具体的な技法（テクニック）について、順を追って説明していきます。

「使うべき数字」の基礎については、第1部を読めば理解できるでしょう。

そして第2部では、数字を出発点に、これまでの常識とは異なるかもしれないビジネスや会計の見方についてお話しします。

「使うべき数字」から「禁じられた数字」へ、話をだんだん発展させていきます。

第1部だけでも完結しているので、第1部だけ読むという読み方でも、もちろん問題ありません。

どちらかというと、即効性があるのがこの第1部です。

**第1部は、「今日からでも数字をうまく使っていきたい」人や、「数字の見方がわかるようになりたい」人のために書いてあります。**

そして、第1部では、「食い逃げされてもバイトは雇うな」の真意が明らかになります。これは、会計的思考の真髄《しんずい》でもあるのです。

なお、できるだけわかりやすく書くことを目指しましたが、それでもむずかしいところがあったら、遠慮なく読み飛ばしてください。

〝数字の世界観〟を、なんとなくでもいいからつかむことこそが大事なのです。

イントロダクション

# 「Web2・0」『ゲド戦記』がすごい本当の理由

## 数字のルールはたったの4つ

## 数字がうまくなった瞬間

私には「数字がうまくなった瞬間」というのがありました。

23歳のときです。

それまで、算数や数学といった科目《かもく》は好きではなく、数字自体にも苦手意識がありました。

高校時代は文系に属し、大学時代は日本史専攻で古文書《こもんじょ》ばかり読んでいて、予備校講師のバイトでは国語を教えていた——つまり、本当に数字とは縁遠い世界にいたのです。

そんな私が、社会人になって五月病にかかった結果、会社を辞めて公認会計士の試験を受けることになりました。

さっそく会計の基礎にあたる簿記の勉強からはじめたのですが、簿記には数字を右へ左へと動かす専門知識が必要になります。

超文系だった私は、「数字ばかりでイヤだなあ」とため息ばかりついていました。でも、試験に合格しなければ生活していけないので、ちゃぶ台をひっくり返したい気持ちを押し殺して、毎日こつこつと勉強していました。

そんなある日、簿記の勉強をはじめて2カ月ほど経《た》った頃でしょうか、ひたすら仕訳《しわけ》を書いていた私は、唐突に気づいたのです。

**「数字ばかりだと思っていたけれど、半分は文字で書かれているじゃないか！」**

## 会計は「数字＋文字」

簿記というのは、「仕訳」という、つぎのような式を書いていく作業です。

〈仕訳の例〉
現金　100,000　／　借入金《かりいれきん》　100,000　（円）

数字を操《あやつ》る作業に見えて、実は半分が「現金」「借入金」という数字以外の文字で構成されています（本書では、「数字以外の文字」を数字と区別するため、以降「文字」と表現します）。

この仕訳の式は、「10万円を借り入れて、現金を手にした」という意味です。この文章でも、数字は「10万円」という1カ所だけで、他は文字です。

**ということは、「会計の半分は文字でできている」のです。**

このことに気づいた瞬間から、私にとって数字は、数を示してくれる言葉にすぎなくなりました。

つまり、簿記や会計は、半分が文字で構成された学問ということになります。だとすれば、バイトで5年間やってきた国語講師の経験が生かせるのです。

国語、とくに評論文の受験テクニックは明快です。

「文章は必ず論理的に書かれているので、いくつかの論理パターンを覚えて、文章をそのパターンに当てはめる」

これだけで、評論文は解けます。

数字も同じです。

**「数字は必ずルールに基づいて使われているので、いくつかの原則パターンを覚えて、数字をそのパターンに当てはめる」**

これだけで、数字を〝読み解く〟こと、そして〝使いこなす〟ことができるようになるのです。

それに気づいた23歳の夏——数字が乱れ飛ぶ会計の勉強も、これで一気に身近になりました。

これからご紹介するのは、その後、私が7年間かけて整理した数字のルールとパターンです。

## 数字のルールはたったの4つ

数字には4つのルールがあります。

本書では、実際に数字を読み解き、使いこなすための技法を紹介していきますが、その大前提となるのがこれらのルールです（大前提なのでしっかり暗記してください、といいたいところですが、そのつどちゃんとご説明するので大丈夫です）。

**①順序がある**
**②単位で意味を固定する**
**③価値を表現できる**
**④変化しない**

数字は言葉の一種です。

それも、子供からお年寄りまで、万国共通で使える優《すぐ》れた言葉です。そして、古今東西、数字はこの4つのルールによって支えられてきたのです。

まずは、①の「順序がある」について、具体的に見ていきましょう。

## ルール①　数字には「順序がある」

数字においてもっとも重視される法則が「順序性」です。簡単にいえば、1・2・3・4……と順番が決まっているということです。

あたりまえだ！　という声が聞こえてきそうですが、誰もがあたりまえに知っているルールだからこそ、いろいろと利用のしがいがあるのです。

たとえば、最近（2007年当時）騒がれている「Web2・0」は、本当にすごいです。

なにがすごいのか？

グーグルもすごいですし、ロングテール理論もすごいですが、**なにより「Web2・0」というネーミングがすごいのです。**

注目すべきはこの「2・0」という数字。なぜ小数第1位まで表記しているのかと

数字の順序性

Web 2.0
前のは Web1.0 だったんだな
これから Web 3.0、4.0… とつづいていくんだな…

いうと、ソフトウェアのバージョン表現などでは「３・０」「１・２」「５・３」といった数字がよく使われるので、これを意識したものだと思われます。

つまり、「Ｗｅｂ」との親和性が高い表現なのです。

もちろん、これがすごい理由ではありません。

実は、あえて「２・０」と名づけることで、過去のモノが「１・０」であったという前提までも示しているのです。

実際、「あそこはまだＷｅｂ１・０だ」と揶揄《やゆ》される会社も出てきています。

さらに、「２・０」という表現は、将来的には「３・０」「４・０」と進化していくことまでもイメージさせます。

いるのです。

「2・0」という数字を使うことで、Webの世界が現在進行形であることを表して

**つまり、「2・0」という表現は、Webとの親和性が高いだけでなく、過去と未来までをも包括《ほうかつ》したネーミングだったのです。**

この名づけ親は、相当に数字がうまい人です。

数字のルールのうちのひとつ「順序性」を有効に活用しているのです。

だいたい、唐突に「Web2・0」が出てきて、「えっ、いったいいつが1・0だったの⁉」と思いませんでしたか？

そんな時代はなかったのです。

それなのに強引に、「むかしは1！　今度は2！」としてしまうセンス。見事です。

余談になりますが、「Web2・0」には、似たような概念《がいねん》で「ダイナミックWeb」という言葉もありました。しかし、いまひとつ普及しませんでした。

それは、「ダイナミックWeb」が、「Web2・0」が持つ数字のチカラに負けたからだ、と私は思っています。

## 『ゲド戦記』がすごい本当の理由

同様に、２００６年の邦画ナンバーワンヒット作になったスタジオジブリの映画『ゲド戦記』もすごいです。

なにがすごいって、数字の使い方がすばらしかったのです。

ご覧になられた方は、「作中に数字の話などなかったじゃないか」と思われるかもしれませんが、映画の中身ではありません。

テレビＣＭやポスターなどにさんざん登場したあの言葉――**そう、「宮崎吾朗　第一回監督作品」のことをいっているのです。**

アニメ界の巨匠、宮崎駿監督の息子である宮崎吾朗さんは、『ゲド戦記』が初監督作品。それも、アニメや映画の仕事ははじめてという方です。ふつうなら、「宮崎吾朗　初監督作品」、ちょっと凝《こ》るなら「巨匠の後継者　宮崎吾朗デビュー作品」といった表現になるところです。

ところが、「宮崎吾朗　第一回監督作品」だったのです。

「第一回」ということは、つまり「第二回」「第三回」とつづくことを意味しているわけで、映画公開前からそう宣言してしまうスタジオジブリはすごいところだなあ、と私は感心しました。

さらに、「第一回監督作品」というのはもう二度とありません。将来、何十本も映画を撮るであろう氏の「第一回」作品であるという、プレミアム感も出しているのです。

**そういった言外《げんがい》の意味をも含ませた奥深い表現――それが、「宮崎吾朗第一回監督作品」です。**

「Ｗｅｂ２・０」と同じように、数字の「順序性」を利用することで未来までも示した、実にうまい表現だったのです。

## 数字を使えば整理・管理しやすくなる

順序性はもっとも重要で、かつ身近なルールなので、もう少し具体例を挙げてみましょう。

このページの右下を見てください。「40」という数字が印刷されているはずです。

このページ番号（業界用語で「ノンブル」）は、本の誕生時から自然についていたわけではありません。たとえば、世界初の印刷物であるグーテンベルク聖書には、数字などふられていませんでした。

実は、本のページに数字をふること自体、大発明だったのです※。

このおかげで、本の内部に順番による秩序が生まれました。しおりがなくても途中で本を閉じることができ、読み飛ばしたり戻ったりすることもしやすくなりました。また、「○ページを見てください」と本のなかで誘導することもできるようになりました。

**私が中小企業に経理の指導をする際も、最初に行うのは請求書、領収書などに、とりあえず数字をふってもらうことです。**時系列順でもなんでもかまいません。

これを会計用語では「連番《れんばん》管理」と呼ぶのですが、数字の番号順に並べることで、過去のモノが探しやすくなり、途中で抜けたモノも発見しやすくなります。そして、番号による外部チェックもできるので、不正を防ぐことにも効果があります。

数字をふるのは書類だけではありません。従業員や顧客、取引先、商品、棚などといったものにも、それぞれ数字をふってもらいます。

数字がふられていれば、データベースなどによる整理や管理もできるようになるのです。

※はじめて本にノンブルをつけたのは、ルネサンス期に活躍した商業印刷の父、アルドゥス・

マヌティウスです。

## ルール② 数字は「単位で意味を固定する」

つぎに、2番目のルール「単位で意味を固定する」について。

たいていの場合、数字は単位がセットになることによって、はじめて意味を成します。たとえば、「1」という数字は、それだけでは「自然数で最初の数」という意味しかありません。

**それが、「1%」「1位」「1リットル」「1キロメートル」……と単位がつくことで、同じ「1」でも意味が違ってくるのです。**

中国の戦国時代、辺境にあった秦《しん》という国で商鞅《しょうおう》という政治家が大改革を行いました。商鞅は改革のなかで、税収の確保や流通の利便性向上のために、それまで国内でバラバラだった度量衡《どりょうこう》（長さ・体積・重さ）を統一しました。単位をどこでも同じにし、単位を支配することで、統治を行いやすくしたのです。

この商鞅の改革は目覚《めざ》ましい成果を挙げ、秦は超大国にのしあがりました。

のちに秦は、始皇帝《しこうてい》の時代に中国全土の天下統一を果たします。そして始皇帝も、貨幣・文字とともに度量衡の統一を行いました。

単位の統一と支配は、全国統治に欠かせない要素だったのです。

会計の世界にも、「企業会計の三公準《さんこうじゅん》※」という、会計が成立するための3つの前提条件があります。

そのひとつが「貨幣的評価の公準」――すべてを貨幣単位で評価するという前提です。

つまり、いくら数字が並んでいても、前提が「円」や「ドル」などの貨幣単位でないものは、会計ではないのです。

これらに限らず、数字を使うあらゆるモノに、「前提となる単位」は欠かせません。**単位がなければ数字はただの記号であり、読み解くことも、使いこなすこともむずかしくなるのです。**

なお、厳密な話をすると、単位は数字には含まれないのですが、ビジネスや会計の実務では必ず単位とともに数字が使われますので、本書では単位を含めて「数字」と表現します。

※「企業会計の三公準」とは、「企業実体の公準」「会計期間の公準」「貨幣的評価の公準」の3

つを指します。

## ルール③　数字は「価値を表現できる」

単位の話ともつながってきますが、数字は、その値によって価値を表現できます。

つまり、順位、大きい・小さい、高い・低いなどは、すべて数字によって価値の度合いを具体的に表現することが可能なのです。

これは、ビジネスや日常でもよく使われる手法です。

ちょっと例を挙げてみましょう。

**「この絵には10億円の価値がある」**
**「シェア（市場占有率）は2％しかない」**
**「このプロジェクトには5万人の生活がかかっている」**
**「『ほぼ日刊イトイ新聞』は1日130万アクセスだ」**
**「赤いのは、通常の3倍のスピードだ」**
**「うちの町は1時間に1本しか電車が来ない」**

「1リットルの涙」
「深草少将《しょうしょう》の百夜通い」
「千の風になって」
「納豆を1万回混ぜる」
「一万年と二千年前から愛してる」
「百万遍、念仏を唱える」
「1000万ドルの夜景」
「空から降る一億の星」
「56億7000万年後に弥勒菩薩《みろくぼさつ》があらわれる」
「百億の昼と千億の夜」
「毎日1兆個のモノや場所にucodeを付与することを1兆年つづけても、足りなくなることはない」

実際にはありえない数字や単位も出てきますが、それは隠喩《いんゆ》（メタファー）であり、「ものすごく」といったことを数字で表しているにすぎません。
このように、数字はさまざまな価値を表現できるのです。

もちろん、数字をまったく使わずに価値を表現することもできますが、どうしてもインパクトや説得力に欠けます。

**たとえば、映画の宣伝で、「みんなが泣いた」というよりも「9割が泣いた」というほうが印象に強く残りませんか？**

「価値」というのはひどくあいまいでブレがあるものなので、無理にでも数字で意味を固定したほうが、その価値の大小が伝わるのです。

だから、「大好き」より「三度のメシより好き」、「すごく美味《うま》い」より「この前より5倍は美味い」と、日頃から数字を意識して使えば、他人とのコミュニケーションもよりスムーズになるかもしれません。

もっとも、女性に「三度のメシより好き」といったら殴《なぐ》られそうですが。

## ルール④　数字は「変化しない」

最後のルールです。

数字は文字と違って、その意味は変化しません。1はずっと1であり、623はずっと623です。

たとえば、「うつくしい」という文字の場合、ふるくは「かわいい」「いとしい」といった意味で使われていました。それがだんだん「きれい」という意味に変化していっています。

つまり、文字の意味は時代の流れとともに変化します。

しかし、数字の場合は、いまもむかしも1は1です。また、類義語も存在しません。せいぜい、1を「一（漢数字）」や「one」に書き換えることができるくらいです。

このように、数字は変化しません。誰にとっても1の意味は同じだということです。1は、大人にとっても子供にとっても1ですし、外国人にとっても未来人にとっても1です。

これは本当にすごいことです。

35ページで私は「数字は言葉の一種」といいましたが、**意味を正確に伝達するという点においては、数字は言葉のなかでも特に優れたものなのです。**

また、金額や重さなどを他のモノと比較できるのも、数字が「変化しない」からです。

ヤマダ電機の1万円とヨドバシカメラの1万円の意味が異なっていたら、どちらが安いかの比較もできません。ファッションモデルの10キログラムと自分の10キログラムの意味が異なっていたら、ダイエットの参考にもなりません。

このように、数字はさまざまなモノの相対化の基礎にもなっているのです。

## 数字は信用の発生装置

そして、数字は「変化しない」からこそ、人に安心感を与えます。

人が文字よりも数字を信用する理由はここにあります。

「巨人が勝つんじゃないの」と感覚で話す人と、「先発投手の防御率と、ここ5試合のチーム打率を考えると、巨人が勝つんじゃないの」とデータをもとに話す人なら、正解は別として、データをもとに話す人のほうをまずは信じると思います。

**「ビタミンCがたくさん入っています」と「レモン1000個分のビタミンCが入っています」では、どちらのほうが信用度が高いでしょうか？**

数字は信用の発生装置となっているのです。

逆にいうと、数字を信用しているからこそ、数字が動くだけで人は興奮します。スロットや株価の動きなどに一《いっ》喜《き》一《いち》憂《ゆう》するのは、その典型です。

「今夜もドル箱」という、芸能人がパチンコをしている様子をひたすら流しているだけの人気深夜番組がありますが、視聴者は、自分の損得にはまったく関係ないにもかかわらず、その数字の動きに興奮するのです。

安定したものが崩れるとき、人はワクワクします。それだけ数字は絶対的に安定したものであり、人はそこに信頼を置いているということなのです。

## 数字の暴力性

しかし、数字は絶対的であるがゆえに人に恐怖を与えることがあります。

「ノルマは一日50軒訪問」「60点以下は再試験」「10位以内に入らないと引退」などという表現は具体的であるがゆえに、人に猛烈《もうれつ》なプレッシャーを与えるのです。

これが、「ノルマはたくさん訪問」「できなかったら再試験」「売れなかったら引退」なら、まだゆとりがあり精神的にもきつくありません。

**この数字が与える恐怖のことを「数字の暴力性」と私は呼んでいます。**

これは、「数字は変化しない（数字は絶対的である）」ことから派生したものです。

数字を使う際は、この「数字の暴力性」という副作用を考慮して使わなければ、想像もしていないところで人を傷つけてしまうことがあります。

数字は慎重に使う必要があるのです。

## 実務ではこちらが有用

もう一度くり返しますが、つぎの4つが数字のルールです。

**①順序がある**
**②単位で意味を固定する**
**③価値を表現できる**
**④変化しない**

これらのルールが、本書を読むうえでの大前提になります。

私は、数学を専門的に学んだことはまったくありません。微分・積分、虚数、サイン・コサイン・タンジェントなどは1%も覚えていません。

「会計士には数学が必要」だと思っている方もいらっしゃるかもしれませんが、それはまったくの誤解で、仕事でよく使うのは、足し算・引き算・掛け算・割り算・小数・分数といった小学校の算数レベルの技術です。

会計士の仕事が一見、算数レベルに見えないのは、学校では出てこない100億円・1兆円といった巨大な数字を扱っているからであって、実際には足し算・引き算の延長です。

**ですから、私がこれから書こうとしている数字の話は、あくまでも日々数字を扱う仕事をしている〝実務家〟としての見解です。**

実務家だからこそいえる内容かもしれません。

数学を研究されている方から見れば、とても変なことをいっているかもしれませんが、〝実務レベル〟では有用なのだとご理解ください。

それでは、いよいよ本文に入っていきます。

「数字がうまくなる」ために、飛ばしながらでも結構ですから、最後までおつきあいください。

## 《イントロダクションのまとめ》

### 数字のルールはたったの４つ

①順序がある　②単位で意味を固定する　③価値を表現できる
④変化しない

### ルール①　数字には「順序がある」

- 数字は、1、2、3、4……と順番が決まっている
- 「Web2.0」「宮崎吾朗 第一回監督作品」は、数字の順序性を利用
  →「現在」を数字で表すことで、同時に「過去」や「未来」までも暗示
- 数字を使えば、整理・管理がしやすくなる

### ルール②　数字は「単位で意味を固定する」

- 数字は、単位がセットになることではじめて意味を成す
- 同じ「１」でも、単位が異なるとまるで違う意味になる

### ルール③　数字は「価値を表現できる」

- 数字を使うことで、ものごとの価値を具体的に表現することができる
  →「みんなが泣いた」より「９割が泣いた」
  →「号泣」「たくさんの涙」ではなく「１リットルの涙」（涙の単位は「粒」「筋」なのに、「リットル」としたところに注目）

### ルール④　数字は「変化しない」

- 数字の意味は、国や時代が変わってもつねに同じ
- 数字は変化しないので、「信用の発生装置」になっている
  →人は、感覚で話す人よりも数字を使って話す人のほうを信用する
- 数字は変化せず絶対的であるがゆえに、人に恐怖を与える（数字の暴力性）

第1章

# 今日は渋谷で6時53分

## 数字がうまくなるための技法

## 今日は渋谷で6時53分

ある朝、私のもとに一通のメールが届きました。

**「今夜6時53分に渋谷ハチ公前集合。時間厳守！」**

友人の石田くんが幹事を務める飲み会のお知らせだったのですが、このメッセージ以外、なにも書かれていませんでした。

はあ？

私が首をひねったのは、いうまでもありません。

いったい、6時53分という中途半端な時刻はなんなのでしょう。

7時から開始で、ハチ公前からお店まで徒歩7分ということなのか？　それとも、ちょうどその時間に、スクランブル交差点の大型ビジョンになにか映るのか？　などといろいろな推測が脳内をかけめぐりましたが、なにせ他の情報はなにもないので、確かめようがありません。

そう、お店の情報もいっさいないのです。

近頃はホームページを開設している飲食店が多いので、飲み会のメールにはたいてい、そのお店の名前とURLが書かれています。

その場合、遅れそうになったときでもホームページで場所を確認して、直接お店に行くことができます。

しかし、今回は肝心のお店がどこなのかわからないので、遅れないようにハチ公前に行くしかありません。お店が地下だったりしたら、携帯電話も通じないのですから。

しかも、「6時53分に」です。

55分じゃダメなのか？　7時ぴったりじゃダメなのか？　とどうしてもキリのいい数字に置き換えたくなりますが、そうはさせない妙な迫力が、53分というやけに具体的な数字にはあります。

**1分でも遅れたら、おいていくぞ！**

と石田くんが言外に叫んでいる気がしてなりません。

いえ、やっぱり、53分になにかサプライズでイベントをやろうとしているのかもしれません。だとしたら、キッチリ53分に着いていないと、いいものを見逃してしまうかも……。

というわけで、私を含めてだいたいの人が50分ごろには集まりました。

ところが！

なんのことはない。これは、待ち合わせに遅れさせないようにするための、石田くんの策略だったのです。

**つまり、わざとハンパな時刻にすることで、「その時刻になにか意味があるのではないか？」「遅れたら、二度と合流できないのではないか？」と思わせ、遅刻させないようにするためのテクニックだったのです。**

私はまさに、石田くんの術中にはまってしまったわけです。

たしかに、漠然と「夜7時にハチ公前集合」だったら、10分や20分遅れてくる人が出てきそうです。

私の田舎である奄美の人たちなら、「島時間」と揶揄されるだけあって、1、2時間遅れてやってきても、「間に合ったあ」というかもしれません。

携帯電話やインターネットの発達・普及に比例して、現代人はより時間にルーズになってきているといわれています。

それを逆手《さかて》にとったこのテクニック、飲み会の幹事になったときはぜひ使いたくなる一手ではないでしょうか。

## 印刷所が7時49分と指定した理由

もうひとつ例を挙げます。

私の知人に、とても忙しい森岡さんという編集者がいます。あるとき、森岡さんに印刷所の人からつぎのような電話が入りました。

**「7時49分にゲラを持っていきます」**

「ゲラ」というのは、編集者が校正《こうせい》（内容のチェック）を行うために、印刷所が見本として刷る原稿のことなのですが、なぜ印刷所の人は7時49分というやけに中途半端な時刻を指定したのでしょうか？

理由は2つあります。

まずひとつ目は、一分一秒を争っているんだ、ということを印象づけるため。最終的に印刷所の人は、編集者がチェックしたゲラを印刷所まで持って帰り、修正箇所を直して、本や雑誌といった「完成品」に仕上げます。

出版の世界は時間との戦いです。たいていの場合、印刷はタイムリミットぎりぎりになります。ですから、印刷所の人は、少しでも早く編集者からゲラを取り返す必要があります。

そこで、森岡さんに「一分一秒でも早くチェックしろよ」というプレッシャーをかけるために、**印刷所の人はわざと1分単位のハンパな時刻を指定したのです。**

そして、もうひとつの理由は、編集者の森岡さんを確実に確保するためです。「8時ごろに……」という漠然とした指定であったら、森岡さんは前の仕事が押したりして、すぐにはゲラを受け取れないかもしれません。また、トイレなどで席を外してしまっている可能性もあります。

しかし、タイムリミット間近では、その数分が命取りになるのです。

そこで、印刷所の人は「7時49分」というものすごく具体的な時刻に限定することによって、森岡さんに「その時刻にはちゃんと居ろよ」と伝えたかったのです。

## 「他の意味を持たせる」技法

これら2つの例に共通するのは、つぎの点です。

**●時刻（数字）を細《こま》かくいうだけで、時刻（数字）以外の意味も持たせられる**

「6時53分」には、「7時集合ではなくわざわざ時刻を限定しているのだから、遅れると怒るよ」といった意味が裏にあります。

「7時49分」には、「1分単位で仕事をしているんだから、ちゃんと準備していてくださいね」といった意味が裏にあります。

「7時ごろ」「8時前」といった漠然とした指定でもなんら問題はないのですが、このようにあえて具体的に細かい数字をいうことで、何時何分という時刻以外の意味が同時に表現できます。

つまり、「他の意味を持たせる」ことができるのです。

すでに紹介した「Web2・0」「宮崎吾朗 第一回監督作品」も、数字以外の意味を含んだ表現でした。

これが、数字という言葉の面白いところであり、大きな特徴です。

数字は実に雄弁《ゆうべん》なのです。

**数字は言葉の一種であり、他の意味を持たせることができます。これは、数字がうまくなるうえでの最重要事項です。**

ぜひここで、おさえておいてください。

## 本のタイトルに数字が使われる理由

「他の意味を持たせる」テクニックについて、もう少し突っ込んで考えていきたいと思います。

本屋さんをちょっと散策してみましょう。最近の実用書をよく見ていただきたいのですが、実に多くの数字がタイトルに使われています。

たとえば、光文社新書シリーズのラインナップをいくつか見ていくと、

『若者はなぜ3年で辞めるのか？』（城繁幸・著）
『99・9％は仮説』（竹内薫・著）
『江戸三〇〇藩 最後の藩主』（八幡和郎・著）

といったタイトルが並びます。

どのタイトルにも数字が使われており、いずれもベストセラーになっています。

もちろん、数字を使ったからベストセラーになったというわけではないのですが、

仮に、

『若者はなぜすぐに辞めるのか？』
『ほとんどが仮説』

『江戸の最後の藩主』

といったようなタイトルだったら、はたしてベストセラーになったでしょうか。

実は、これらの本の編集者は私の担当者でもあるのですが、彼は「**タイトルを決める際には、どうにかして数字を入れられないかといつも悩んでいる**」そうです。

いったい、どうしてなのでしょうか？　タイトルに使われた数字の意味を読み解きながら、その理由をさぐっていきましょう（本のタイトルは、編集者が考える場合、著者が考える場合など、いろいろなケースがあります）。

## 若者は3年では辞めない？

まず、『若者はなぜ3年で辞めるのか？』についてですが、この「3年」という数字にはどういう意味があるのでしょうか。

人事の世界では、「3年で3割の人が辞める」ということが半《なか》ば定説化しているそうで、そこに根拠が求められるようにも思えますが、「すぐに辞めてしまう」という意味でいえば、「2年」でも「4年」でもたいした差はありません。

「すぐに」という点を強調したいのであれば、『若者はなぜ1年で辞めるのか？』でもよかったはずです。

いや、むかしから若者の離職率は「7《しち》・5《ご》・3《さん》」（入社5年後の離職率は、中卒で7割、高卒で5割、大卒で3割）だといわれていることを考えると、『若者はなぜ5年で辞めるのか？』『若者はなぜ3割が辞めるのか？』というタイトルのほうがふさわしかったかもしれません。

つまり、「3年」という数字には、なにか必然性があるようで、実はあまりないのです。

それなのに、なぜ3年にしたかといえば、「タイトルに数字を入れられれば、なんでもよかった」というのが正直なところだそうです。

べつに2年でも4年でも3割でもよかったのです。

**とにかく数字が入っていれば、あとは読者が「その数字にはなにか特別な意味があるのでは？」と勝手に推測してくれる**――その「深読み」こそが、編集としてのねらいだといいます。

一度気になれば、読んで確かめようとするのが人の心理だからです。

これは、心理的効果まで計算した販売戦略だといえます。

ちなみに当初、著者の城繁幸氏はこのタイトルに難色《なんしょく》を示したそうです。理由は、

「若者が3年で辞める根拠となる統計はない」から。さすがは専門家です。

## 科学って100％真実じゃないの⁉

『99・9％は仮説』は、「飛行機が飛ぶしくみは実はよくわかっていない」「マイナスイオンが身体《からだ》にいいというのは少数意見」など、科学はすべて仮説にすぎないということをわかりやすく説明している本なのですが、私はこの本を読んで、いえ、このタイトルを見て、びっくりしました。

**えっ、科学って100％真実じゃないの⁉**

私のような素人《しろうと》は、科学の世界ではすべてが証明されていて、仮説なんて0％だと思っています。

ところが、0％どころか、ほぼ100％が仮説だというのです（ちなみに、なぜ100％ではなくて『99・9％は仮説』になっているのかというと、「科学はすべて仮説」ということすら「仮説」だからだそうです。つきつめて考えていくと哲学の世界になってしまうので、ここでは単純化して「ほぼ100％」と思ってください）。

これは、聞いただけで常識をくつがえされる、たいへん魅力的なタイトルです。

## 江戸は300年300藩

最後の一冊『江戸三〇〇藩 最後の藩主』は、その名のとおり、すべての藩の最後の殿《との》さまを紹介した本です。

ここでは、「江戸三〇〇藩」という、歴史を語るうえでよく登場するフレーズがポイントになります。

このフレーズを知っている歴史ファンは、「300藩すべてが載っているなんて、マニア心をくすぐるねえ」と思うでしょうし、そんなフレーズを知らない人は、「江戸時代にはそんなに藩があったのか！」と新たな発見をすることでしょう。

**つまり、タイトルに300藩という数字を入れることで、「この本は網羅《もうら》系の本ですよ」ということと「江戸時代にはこんなに藩があったんですよ」ということを同時に表現しているのです。**

これがもし、『江戸の最後の藩主』というタイトルだったら、たいした驚きもなければ、網羅したという本の売りも伝わってきません。

300という数字があるとないとでは、まさに雲泥《うんでい》の差があるのです。

## 決めつけ・常識破り・ざっくり

このように、『若者はなぜ3年で辞めるのか？』『99・9%は仮説』『江戸三〇〇藩 最後の藩主』の3冊のタイトルはいずれも、数字になにか意味があると思わせるように考えられています。

そして、その特徴はつぎのように分類することができます。

**『若者はなぜ3年で辞めるのか？』** ↓ **決めつけ**
**『99・9%は仮説』** ↓ **常識破り**
**『江戸三〇〇藩 最後の藩主』** ↓ **ざっくり**

これらの「他の意味を持たせる」技法を使いこなすことができるように、他の例も交えながらひとつひとつ見ていきましょう。

## 言い切ってしまう説得力〈決めつけ〉

『若者はなぜ3年で辞めるのか?』で使われている「決めつけ」の技法は、3年なら3年と数字を限定して言い切ってしまうことでブレをなくし、説得力を持たせる数字の使い方です。

たとえば、ビジネスの世界には、有名な「2：8の法則」というのがあります。発見した経済学者の名を取って「パレートの法則」ともいわれています。

簡単に説明すると、会社の2割の人々が全体の8割の仕事をこなしているとか、2割の商品が全体の8割の利益を上げているとか、2割の人々が所得税全体の8割を払っているなど、2割の要因が成果の8割を占めているという法則です。

ただ、必ず2対8になるというわけではけっしてありません。実際には、1対9、3対7のときも多いでしょう。

しかし、「2：8」と限定することによって、私たちのほうが逆に2対8に合わせて考えようとします。そして、「ああ、うちの会社もたしかに2対8だよなあ」とひとりで納得するのです。

**本当は多少のブレがあるのだけれど、あえて言い切ってしまうことで妙に説得力が**

「決めつけ」の技法

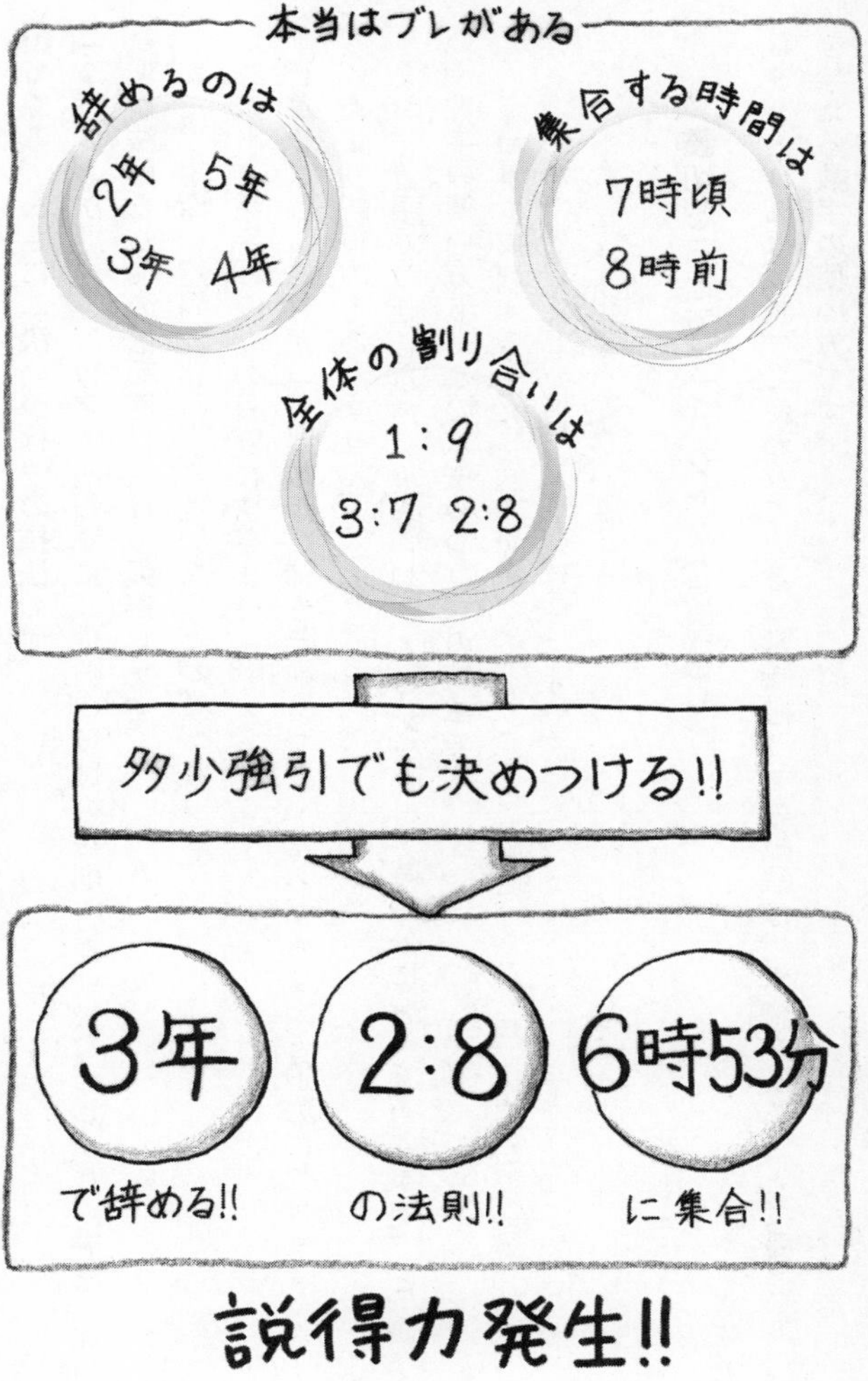

本当はブレがある
辞めるのは
2年 5年
3年 4年
集合する時間は
7時頃
8時前
全体の割り合いは
1:9
3:7 2:8
多少強引でも決めつける!!
3年
で辞める!!
2:8
の法則!!
6時53分
に集合!!
説得力発生!!

出てくる、まさに「決めつけ」の技法です。

「2：8の法則」を、数字を使わずに「少数：多数の法則」といったとしたら、いまひとつ法則としての信頼性に欠ける気がします。

また、「桃栗3年、柿8年※」ということわざがあります。

これも、数字はただの目安にすぎません。

しかし、もしこれが「桃栗数年、柿十年前後」だったら、ちょっと迫力に欠けますし、あまり説得力もありません。

なお、冒頭でお話しした「集合時刻は6時53分」「7時49分に持っていきます」という数字の使い方も、この「決めつけ」の技法です。

※何事も成就《じょうじゅ》するまでには時間がかかるということのたとえ。ちなみに、果樹のなかでも、3年で実がなるものは相当に早いほうだそうです。

## 裏切ることでインパクト〈常識破り〉

『99・9％は仮説』で使われている「常識破り」の技法は、常識を破ることで驚きを与える数字の使い方です。

つまり、

「科学はすべて真実。仮説なんて0％」

と思っている世間一般の常識を、

「そんなことはありません。99・9％、つまりほとんどは仮説なんです！」

と打ち破ってしまうことで、強いインパクトを与えているのです。

他にも、42・195キロを2時間台で走るのが常識になっているマラソンの世界での「24時間100キロマラソン」。

これも上手な「常識破り」です。

24時間、100キロという数字はとても困難さを感じさせます。

しかし、よくよく考えてみると100キロを24時間で割れば、1時間当たり4・2キロです。

人間の歩く速度はだいたい時速4キロなので、休憩する時間を考えても、早歩き程度で達成できそうな内容です。

ということは、数字の見かけの印象ほどには、たいへんなことではないのです（もちろん、実際に走ってみるとたいへんだとは思いますが）。

これは、「42・195キロよりも長い！」「2時間よりも長い！」というようにマラソンの常識を破ることで、インパクトを最大限に高めています。

**このように、常識をいい意味で破ることで、驚きに近いインパクトを与えるのが「常識破り」の技法です。**

この技法はよく使われるので、ここにいくつか例として挙げておきます。

- **宅配便は6000円以上するという常識に対する、「エクスパック500」**（郵便局の全国一律500円配達サービス。2014年3月31日で取り扱い終了）
- **全体を100として示すパーセントの常識に対する、プロレスラーによる「200%勝つ！」発言**
- **食事は1日3回という常識に対する、大食漢による「1日6回ご飯を食べます」自慢**
- **死は1回のみという常識に対する、むかしのコントでよく見た「お前は2回死刑だ〜」ネタ**

こうしてみると、この「常識破り」は、意外と身近な技法なのではないでしょうか。

「常識破り」の技法

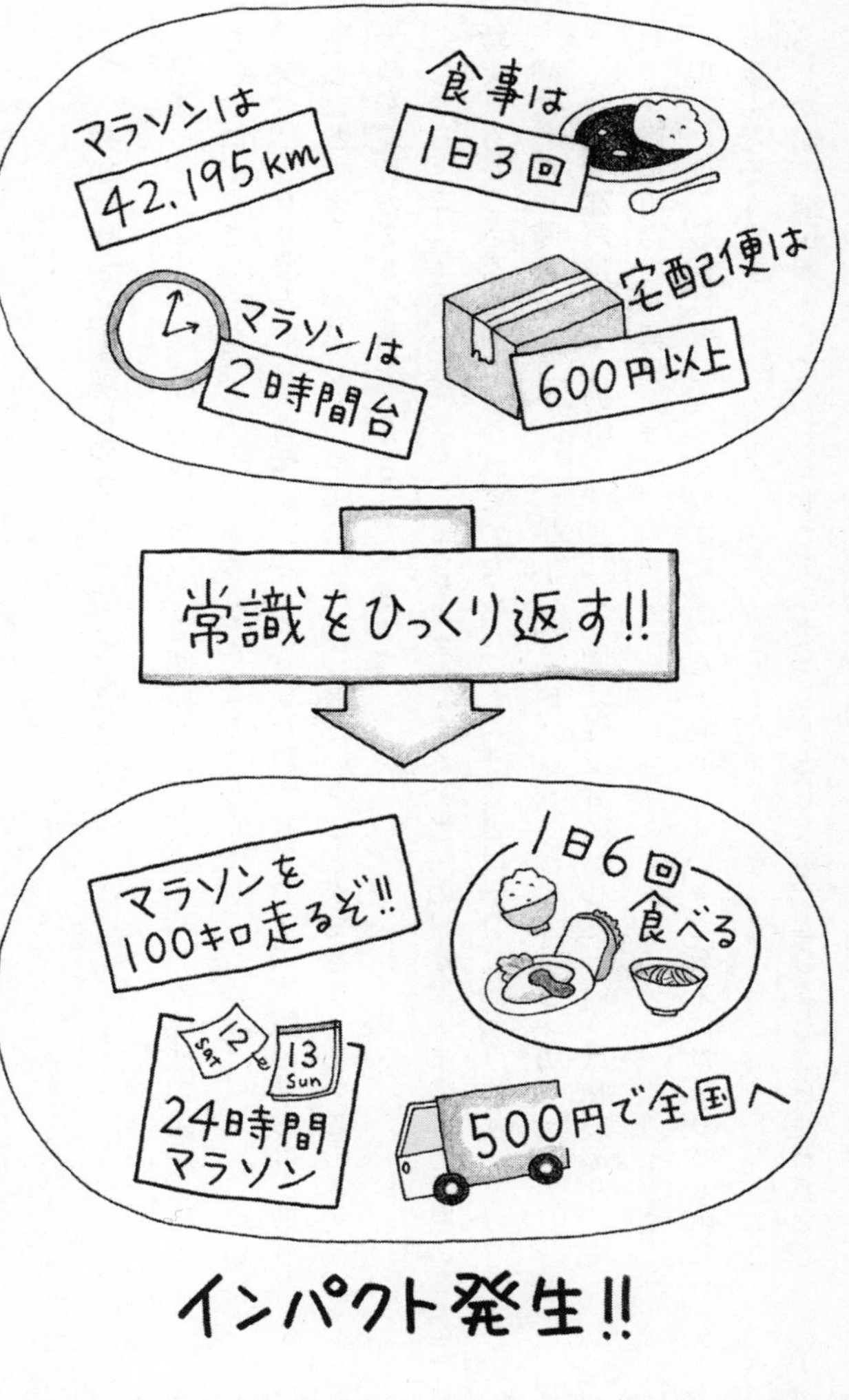
マラソンは
42.195km
食事は
1日3回
マラソンは
2時間台
宅配便は
600円以上
常識をひっくり返す!!
マラソンを
100キロ走るぞ!!
1日6回
食べる
Sat 12
13 Sun
24時間
マラソン
500円で全国へ
インパクト発生!!

## わかりやすく理解しやすい〈ざっくり〉

最後に、『江戸三〇〇藩 最後の藩主』で使われた「ざっくり」の技法ですが、いったいなにが「ざっくり」なのか、おわかりになりましたでしょうか？

実は、３００藩という数自体が、ざっくりした数字なのです（実際の藩数は、取り潰しなどで出入りが激しく、単純に江戸〇〇藩ということができません。この本では、大政奉還《たいせいほうかん》時の２８５藩が紹介されています）。

しかし、「江戸三〇〇藩」というフレーズにより、「当時の日本はいまの都道府県の数よりもたくさんの藩に分かれていたんだ」ということは十分に伝わります。

同じく江戸時代でいうと、「大江戸八百八町《はっぴゃくやちょう》」というフレーズがあります。

これは、江戸には多くの町ができ、人も増え経済も発展したという意味であり、やはり実際の町数とは異なります。

現実には、最初は寒村《かんそん》だったのがだんだんと発展していき、幕末には２０００町にも及んだそうです。

しかし、慣用句として、８０８というざっくりとした数字がむかしから使われました。808という数字には、江戸の町が末広《すえひろ》がりで発展していく様《さま》もよく表れています。

「1億2000万人のみなさま、お待たせいたしました！」という、テレビ司会者がよく使うフレーズも、日本の人口＝1億2000万人というざっくりした数字を使っています。

これがもし、「127767944人のみなさま、お待たせいたしました！」だったら、毎年数字を変えないといけませんし、多いのか少ないのかもよくわかりません。

**ざっくりした数字は正確ではありませんが、細かくないため、わかりやすく理解しやすいという利点があるのです。**

「ざっくり」には、他にも覚えておくと便利な数字がたくさんあります。

- **畳2枚分で1坪**
- **人の歩く速度は時速4キロ**
- **健康のためには1日30品目**（最近ではあまりいわれていないそうですが）
- **会社の税金は利益の40％**

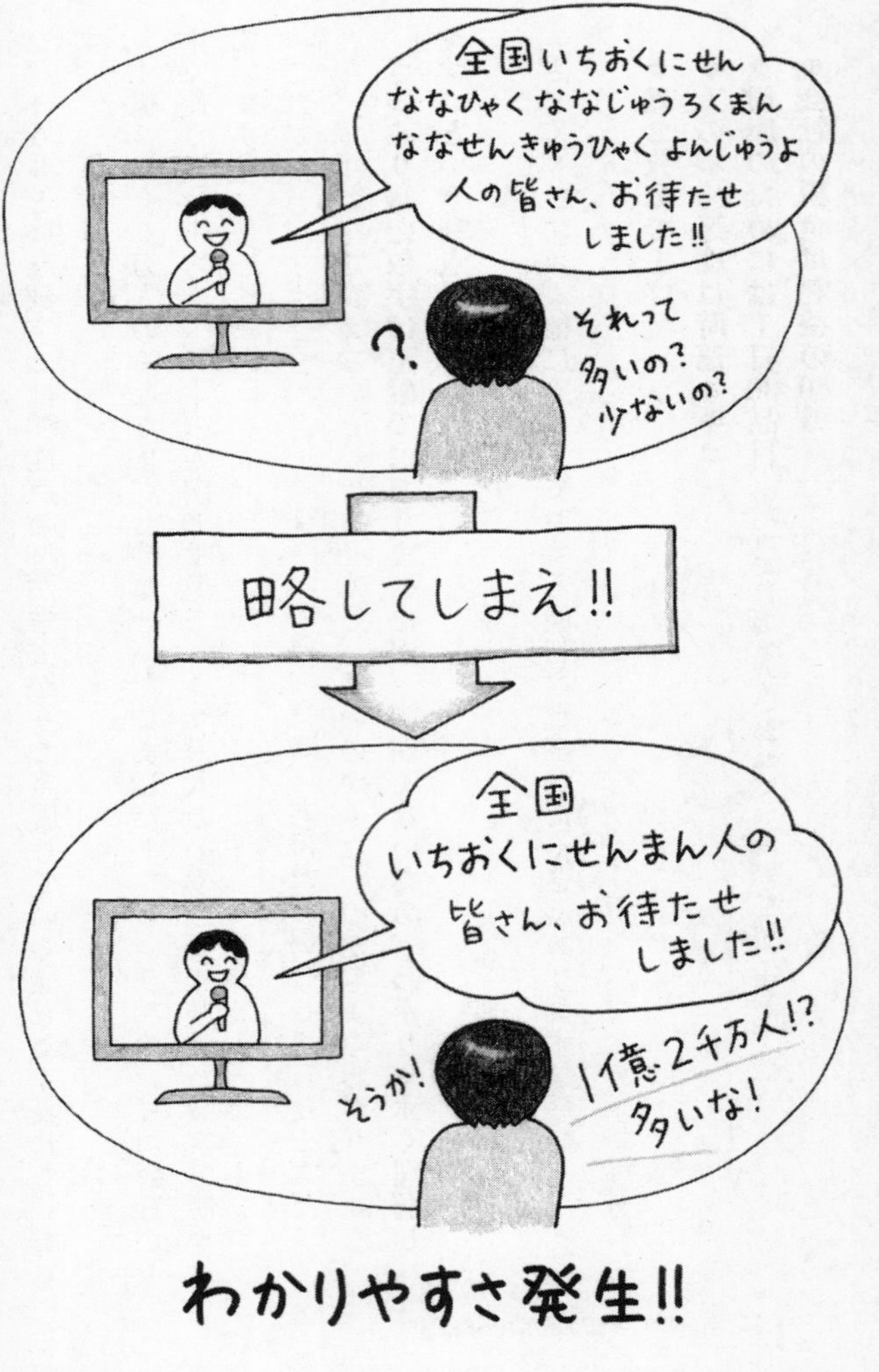
全国いちおくにせん
ななひゃくななじゅうろくまん
ななせんきゅうひゃくよんじゅうよ
人の皆さん、お待たせ
しました!!
?
それって
多いの?
少ないの?
略してしまえ!!
全国
いちおくにせんまん人の
皆さん、お待たせ
しました!!
そうか!
1億2千万人!?
多いな!
わかりやすさ発生!!

**●日経新聞を読んでいる人は300万人**（経済に関心が高い人の数がわかる）
**●日本の世帯数は5000万世帯**
**●日本人の3人に1人はガンで死ぬ**

このように、本当はもっと細かいのだけれど、わかりやすくするためにキリのいいところで数字を区切ってしまうのが「ざっくり」の技法です。

## 1日で10年違う「四捨五入」

余談になりますが、「四捨五入」というのも「ざっくり」の技法です。

4以下なら切り捨てて、5以上なら切り上げて上の位に1を足すことによって、数字をシンプル化します。昨日までは34歳だったので約30歳と言い張っていたのに、35歳の誕生日を迎えた途端に約40歳だといわれ、怒る人はよくいます。

**そう、四捨五入では、たった1日で10も歳が変わってしまうのです。**

これは、ずいぶんざっくりした考え方です。ただ、ざっくりしているがゆえにとても使いやすく、決算書※の数字でも、巨額な数字を千円単位、百万円単位にするために、四捨五入が使われたりしています。

※決算書とは、「貸借対照表《たいしやく》」「損益計算書《そんえき》」などからなる、会社の会計情報を中心とした報告書類のことです。会社の財産や儲《もう》けがひと目でわかります。

## 数字はただの記号ではない

このように、「決めつけ」「常識破り」「ざっくり」といった技法を使うことによって、数字に「他の意味を持たせる」ことができます（ちなみに、これらの技法名は私が勝手に呼んでいる名称ですので、辞書などで調べてもこの意味は出てきません。あしからず）。

それが可能な理由は、35ページでも述べたように、そもそも数字は言葉の一種であり、しかもとても表現の幅が広い言葉だからです。

「いや、数字は単純に数を示す記号ではないか」とおっしゃる人もいるでしょう。たしかに、本来の役割はそうです。

**しかし、実社会での数字は、「単なる記号」以上の役割を果たしているのです。**

たとえば、商品の値段というのは、商品がいくらの金銭と交換できるか、というこ

# 山田式 数字に他の意味を持たせる3つの技法

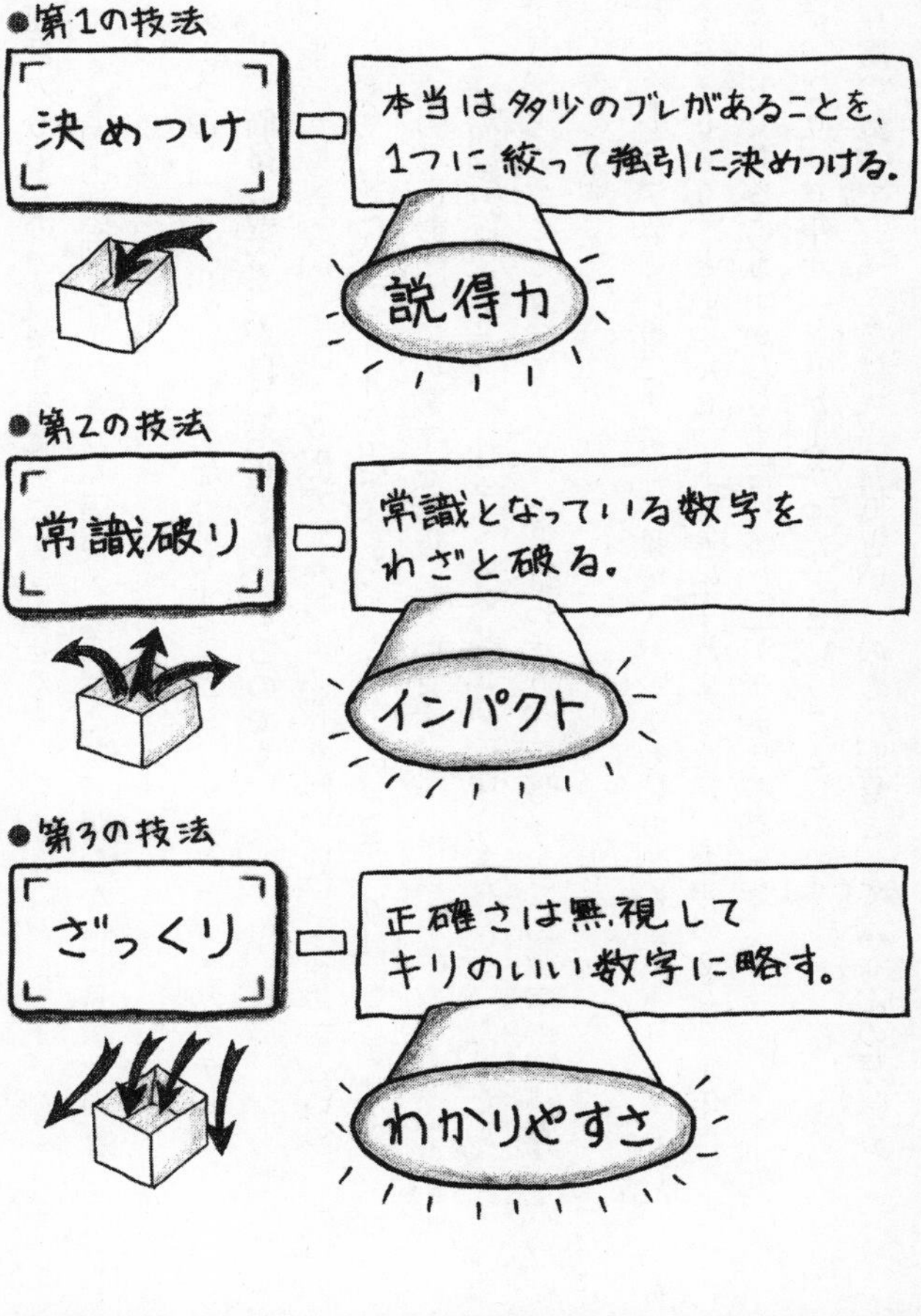

●第1の技法
「決めつけ」
本当は多少のブレがあることを、1つに絞って強引に決めつける。
説得力
●第2の技法
「常識破り」

常識となっている数字をわざと破る。

インパクト
●第3の技法
「ざっくり」

正確さは無視してキリのいい数字に略す。

わかりやすさ

とを示しただけのものなので、単なる記号にすぎません。

しかし、「298円の洗剤」「19800円のテレビ」には、明らかに記号以上の意味があります。

おわかりのように、「300円を切った洗剤ですよ!」「イチ・キュッ・パでテレビが買える!」と、**価格(数字)が自己主張をしているのです。**

タクシーに乗ったときの、「1220円ですから1200円でいいですよ」という運転手さんの言葉や、逆に、「1980円ですか。2000円でおつりはいりません」という乗客の言葉も、記号としての数字を無視しています。

小銭を扱うのは面倒だ、キリがいい数字でいいじゃないか、それくらいだったらサービスしよう、ということなのですが、それはつまり、記号としての数字が軽い存在だということなのです。

2000年はミレニアムということで、各地でイベントも盛り上がり、hitomiの「LOVE2000」といったヒット曲も生まれましたが、翌年の2001年は21世紀のスタートであるにもかかわらず特に盛り上がりませんでした。

これは単に、2000年が「キリがよかった」ということなのです。

666は悪魔の数字で、777は大当たりというのも、記号としてはなんの意味もない数字の配列に、必要以上の意味を持たせています。

さらに、電話番号に語呂《ごろ》が合うように読みがなをつけることがありますが、これも、単に覚えてもらいたいだけでなく、電話番号という無機質な数字の配列に特別な意味を持たせたいという心理の表れではないでしょうか。

ちなみに、自宅のタウンページを見ているだけで、つぎのようなものに出くわしました。

**占い師　29-8868（フク　ハッピーハローハッピー）**　↑幸せになりそう
**老人ホーム　082-650（オダヤカニ　ロウゴヲ）**　↑そうありたいです
**中古ピアノ　1910-76（ヒクト　ナル）**　↑そりゃそうだ

日本語には、むかしから同音異義語を使ったシャレ「この橋（端）渡るべからず」や、文字に二重の意味を持たせる掛詞《かけことば》「長雨《ながめ》・眺め」などの技法がありますが、数字にも、文字と同じような「語呂合わせ」の技法が使われているのです。

## 「人生には大切なフクロが3つあります」

このように、実社会では、単なる記号としての数字ではなく、「価格の自己主張」「キリがいい」「語呂合わせ」といった〝表現としての数字〟がさかんに使われており、日常生活にも溶《と》けこんでいます。

「他の意味を持たせる」のも、表現として数字を使うためのひとつの方法です。

**数字がうまい人とは、数字を記号として見るのではなく、言葉のひとつとして、表現のひとつとして、積極的に使っている人のことをいいます。**

単に計算が早かったり、細かい数字を覚えられる人は、「数字に強いよね」とはいわれても、「数字（を使うこと）がうまい」とはいわれません。

数字に強くなるためには勉強や鍛錬《たんれん》が必要になってきますが、数字がうまくなるためには、ちょっとした知識とコツがあれば大丈夫です。

この章の冒頭でお話しした「集合時刻は6時53分」「7時49分に持っていきます」という「決めつけ」の数字の使い方も、「数字を具体的にすれば発言に説得力が出て、強制力が働く」という知識さえあれば、誰でもいつでも使えます。

そして、「はじめに」でも述べましたが、なによりも大事なのは〝99％の意識〟です。数字がうまい人は、ふだんからありとあらゆる数字に注目し、その使われ方から新しい技法のヒントを得ようと躍起《やっき》になっています。

私もそうです。

会計の勉強をはじめる前は数字に注目することなどなく、視界にも入っていなかったのですが、数字に目覚めたあとは、

**「経営者が〝1億円〟〝100店舗〟といったキリのいい数字を目標に掲《かか》げるのはなぜだろう?」**

**「頭のいい人はよくとっさに数字を使って話すけど、いつもざっくりした数字だなあ」**

**「話のうまい人は、『理由は2つあります』『まずは4つのポイントを覚えてください』『人生には大切なフクロが3つあります』と最初に数字をいうよなあ」**

などと、数字を使ううえで参考になることに注意がいくようになりました。

「はじめに」でやっていただいた、赤色を意識してあたりを見回す実験のように、数字を意識して見たり聞いたりするようになったわけです。

くり返しになりますが、数字がうまくなるには、まずは〝99％の意識〟が大事なのです。

さて、この第1章では、日常生活でも役に立つ、数字に他の意味を持たせる技法について見てきましたが、つづく第2章、第3章、第4章では、それぞれ「ビジネスの数字」「会計の数字」「決算書の数字」に注目し、数字がうまい人がどのように数字を捉えたり使ったりしているのか、クイズ形式で見ていきたいと思います。

すべての問題を解き終えたとき、あなたの数字力は確実に上がっているはずです。

## 《第1章のまとめ》

### 数字がうまい人は「表現としての数字」を使う

- 数字は言葉の一種であり、「単なる記号」以上の役割を果たしている
- 数字がうまい人＝表現のひとつとして、数字を積極的に使っている人

### 数字に「他の意味を持たせる」3つの技法

①「決めつけ」　②「常識破り」　③「ざっくり」

### 技法①「決めつけ」の技法

→あえて言い切ってしまうことでブレをなくし、説得力を持たせる
（例：『若者はなぜ3年で辞めるのか？』「2：8の法則」「桃栗3年柿8年」）

### 技法②「常識破り」の技法

→常識をいい意味で破ることで、驚きに近いインパクトを与える
（例：『99.9％は仮説』「24時間100キロマラソン」「200％勝つ」）

### 技法③「ざっくり」の技法

→端数を無視して数字をシンプル化することで、わかりやすくする
（例：「江戸三〇〇藩」「日本の人口は1億2千万人」「歩く速度は時速4キロ」）

### 数字がうまくなるためには、なによりもまず「99％の意識」

→日常生活やビジネスの世界で、数字がどのように使われているのかつねに意識する

第2章

# タウリン1000ミリグラムは1グラム

## ビジネスの数字がうまくなる

## 数字クイズ

この章では3つのクイズを出します。クイズを通して、ビジネスの数字がうまくなる「数字の使い方」について、確認していきましょう。

**《クイズ①》**
**あなたは、あるサッカーチームの広報担当です。チームの成績は現在1勝2分け。今週末のホームゲームにより多くの観客を呼ぶために、あなたならいったいどんな広報活動を行いますか？**

いかがでしょうか。プロサッカーチームの広報になったつもりで、少し考えてみてください。

もちろん、これは数字がうまくなるためのクイズなので、「観客全員にアメを配る」とか、「マスコットキャラクターが派手に踊る」とかではなく、あくまで数字を使って答えを出してください。

（考える時間↓1分）

## 神話のカラクリ

では、答えです。

今回の文章中に使われている数字は「1勝2分け」だけです。ですので、この数字を使うわけなのですが、これをそのまま、「みなさーん、わがチームは1勝2分けですよー。応援しにきてくださいねー」と宣伝したところで、たいしたアピールにはなりません。お金を出してパッとしないチームを応援しにいくほど、お客さんも暇《ひま》ではありませんから。

では、どうすればいいのか？

実はこの「1勝2分け」という数字、一瞬で、キラーパス並みの威力を誇る数字に変えることができます（いますぐ、つぎのページをめくってください）。

**――3戦無敗。**

そうです。あっという間に、パッとしなかったチームが強豪チームに早変わり。チームの実力はまったく変わらないのに、表現を変えるだけで、印象がガラリと変わってしまうのです。

これが、数字のチカラです。

**表現のひとつとして数字を使うために、「1勝2分け」を「3戦無敗」と言い換えているわけです。**

わかりやすく説明するために、ここでは「1勝2分け」という単純な数字にしましたが、実際にはもっと大きな数字の具体例もあります。

サッカーのスウェーデン代表は、かの強豪イングランド代表を相手に1968年以来、ただの一度も負けておらず、無敗神話をつづけています（2011年以降3敗）。スウェーデンがイングランドと戦うと、必ずこの「39年間無敗」という表現が使われますが、ふたを開けてみると、実は神話といえるほどの記録ではなく、「12戦4勝0敗8分け」です。

39年間で12試合しか戦っていないのです（しかもたったの4勝。ほとんどが引き分けです）。

でも、もしあなたがチームの広報担当だったなら、そんなことは無視して、「なんと39年間無敗！　40年目も無敗神話がつづくのか？　いま、あなたは神話の目撃者になる！」などと大げさに宣伝して、お客さんを集めることでしょう。

広報は、数字のうまさも問われる仕事なのです。

## どの数字を使うか？

ここで覚えておいてほしいのは、数字は「言い換える」ことが可能だということです。

**言い換えがうまくいくかどうかは、数字の取捨選択にかかっています。**

先ほどの「3戦無敗」でいうと、負け数だけに着目して、勝ち数を無視しています。

つまり、「どこを使ってどこを捨てるか」がポイントなのです。

たとえば、選挙報道で「10万票も差をつけた」というと、ものすごい大差で勝利した感じがしますが、「得票率は3ポイント差であった」となると、とたんに接戦の様相を呈《てい》してきます。

プラス思考・マイナス思考を論じるときに、「水が半分になったコップを『あと半分しかない』と思うのか、『まだ半分もある』と思うのか？」というフレーズがよく使われますが、どの数字を使うかという話はこれによく似ています。

要は、過去からの経緯に着目するのか（前は満杯だったのに『あと半分しかない』）、現在の状況に着目するのか（2分の1は確実にあるので『まだ半分もある』）、という着目点の違いにすぎないので、どちらが正しいといった話ではないのです。

ビジネスの世界だと、この「数字の取捨選択」はたいへんよく使われます。

**自社にとって有利な数字を見つけることこそ、広報部や企画部の仕事だといっても過言ではないでしょう。**

携帯電話業界では、ライバル同士が「利用者数ナンバーワン」「お客様満足度ナンバーワン」をそれぞれ武器にして競っていますが、これも「どこを使ってどこを捨てるか」の一例です。

よく考えたら、「お客様満足度ってなんだよ!?」という感じなのですが、とにかくナンバーワンになる数字を、なんでもいいから見つけることが広告的には大事であり、利用者にとってもわかりやすい判断材料になるのです。

## 「0円」広告はなぜ多いのか？

数字が言い換え可能だからといって、ただ言い換えればよいというわけではありません。できることなら、なるべくインパクトの強い言葉に言い換える必要があります。

そういう意味では、「3戦無敗」などは100点満点の表現です。

「無」という言葉――つまり「0（ゼロ）」のことですが、**ゼロには他の数字と違った絶大な威力があります。**

なぜなら、1や10、100、100億という数字は、大小の違いこそあれ、いずれも存在している数字――「有」の数字ですが、ゼロは唯一存在していない「無」の数字だからです。

有と無のあいだには、根本的な違いが存在しているのです。

ところで、ゼロを発見し、名づけた人はたいへんだったと思います。

目に見えない概念的なもの、たとえば暖かいとか寒いとか神様とかに名前をつけるのはまだやさしいのですが、「存在しない」ということ自体を概念として確立し、名前をつけるのは、至難の業《わざ》だったのではないでしょうか。

だからこそ、ゼロの発見は人類史的にも重要なことであり、世界史の教科書でも「インドでゼロが発見された」と大きく取り上げられているのです。

さて、ゼロの威力の話に戻りますが、「0円」「タダ」「絶対零度《れいど》」「グラウンド・ゼロ」「４００戦無敗の格闘家」といった言葉に強いインパクトがあるのは、ゼロが他の数字とは絶対的に違うからです。

ポーカーではジョーカーがどの数字よりも強い万能のカードですが、**ゼロは数字の世界におけるジョーカーのような存在なのです。**

２００６年10月の番号ポータビリティ制度開始時に、ソフトバンクモバイル（当時）が「通話料・メール代0円」を大々的に宣伝し、話題になりました。

その広告の正当性はともかく、ゼロに頼りたかった気持ちだけはよくわかります。

その後、通話料が無料になるのはソフトバンク携帯電話同士であることや時間帯によることも明示されるようになりました。

「通話料・メール代0円」キャンペーンは、数字の取捨選択をやりすぎた例といえるでしょう。

それくらいに、ゼロという数字には魅力があるのです。

《クイズ①のまとめ》
●数字は言い換えられる
●いちばん有利な数字を使う
●0（ゼロ）に勝る数字ナシ

## 弱小塾が大手塾に勝つためには？

つぎのクイズにいきましょう。

**《クイズ②》**
**あなたは、たった1教室しかない、町外れの小さな塾の経営者です。あなたの塾は、有名高校Aに毎年約20名の合格者を出しています。そんなある日、駅前の大手進学塾が、「A高校に毎年100名合格！　選べる市内10教室!!」というチラシを大々的にまきました。あなたの塾はこれにどう対抗しますか？　どうやって自分の塾をアピールしますか？**

個人経営の弱小塾が、駅前にある大手資本の塾に勝つためにはどうすればいいのか、という問題です。これも数字の問題ですので、「塾長が生徒ひとりひとりに笑顔で親身に指導しています」とか、「小さい塾だから生徒同士が仲よくなります」といったアピールの仕方ではありません。やはり数字を使って考えてみてください。

（考える時間↓3分）

## 新しい数字を作る方法

この弱小塾は一見、すべてにおいて大手塾に負けているように見えます。

A高校の合格者数は、大手の100名に対してわずか20名。教室数も、大手の10教室に対してたったの1教室です。どこをどう探しても、アピールできるところなどなさそうです。

では、どうすればいいのか？　もう一度、じーっと問題文中の数字を眺めてみてください。100名、10教室、20名、1教室――なにか新しい発見がありませんか？

**今回は、数字を言い換えるのではなく、新しい数字を見つけるのです。**

「新しい数字なんてどこにあるんだ？」というご指摘はごもっとも。しかし、なければ、ある方法を使って新たに作ってしまえばいいのです。

では、答えです。

――割り算を使う。

合格者数を教室数で割って、1教室あたりの合格者数を出してみてください。

弱小塾　20名÷1教室＝20名
大手塾　100名÷10教室＝10名

すると、弱小塾は1教室しかないのでそのままの20名ですが、大手塾は100÷10＝10名です。大手塾は、えらそうなことをいっていても、実は1教室あたりの合格者数が弱小塾の半分しかないことがわかります。

だとすれば、「某大手塾の2倍の合格実績!」といったアピールの仕方が可能になってくるわけです。

とりあえず割る――これが、今回のポイントです。

## 小が大に勝つには割り算

ビジネスの世界では、小が大に勝つためにはどうすればよいのか、といった議論が盛んに交わされています。

そのための方策として、ランチェスター戦略（※1）やマーケット・セグメンテーション（※2）、市場細分化戦略（※3）といったこむずかしい名前で呼ばれる戦略が存在しますが、結論としては、これらはどれも割り算的な話です。

**割ってみたら勝てるんじゃないか？　という発想です。**

たとえば、ライバル会社は全国で店舗を展開しているけれども、うちは一地方だけで、単純な規模（店舗数）や売上で見れば完全に負けているとします。

しかし、特定の地域に限定すれば（ここで割り算を使います）、規模も売上もライバルを上回ることができるというのはよくあることです。

地域限定に限らず、顧客層限定、市場限定、時間帯限定で小企業が大企業を逆転することは十分に可能です。

たとえば、商品数でつぎのような差があったとします。

大企業　１００アイテム
小企業　10アイテム

しかし、商品を女子高生向けだけに限定してつぎのようになったとすると、

大企業　5/100アイテム（※4）
小企業　8/10アイテム

女子高生市場では、商品数で大企業を上回っていることになります。だとすれば、「女子高生をたくさん集めてヒアリングをする」など、経営資源を女子高生市場に集中して投入することで、自社の強みを伸ばすことができます。

**自社の強みを見つけて、それを伸ばすことは、ビジネスを成功へと導く鉄則です。**

このように割り算をすることによって、自社の強みを見つけ、小が大に勝つ可能性を見出《みいだ》すのです。

※1ランチェスター戦略とは、第一次世界大戦期にＦ・Ｗ・ランチェスターが発見した戦争の

法則をもとに構築された販売戦略、競争戦略のことです。ランチェスターの法則自体は、「戦闘力＝武器効率×兵力数」「戦闘力＝武器効率×兵力数の二乗」という掛け算です。そして、この法則から、「弱者は一点集中しかない」等の割り算的な戦略が導き出されています（『ランチェスター戦略「弱者逆転」の法則』〈福永雅文・著／日本実業出版社〉参照）。

※2マーケット・セグメンテーションとは、消費者を地域別・年齢別などに分類することです。これにより、消費者のニーズを捉えようとします。

※3市場細分化戦略とは、市場を細分化してそれぞれの市場に適した商品を投入する戦略です。

※4分数というのは割り算の変形です。「5÷100＝0・05」という式を書かずに、「$\frac{5}{100}$」という形で表現する技法が分数です。

## 中小企業でも、トヨタやソニーに勝てる

会計の世界でも、割り算は欠かせません。

**特に会計分析（経営分析、財務分析）においては、割り算は「キング・オブ・分析」です。**

1人当たりの売上高、1日当たりの売上数量、1平方メートル当たりの利益額、売

上高利益率、総資本回転率、ＰＥＲ（株価収益率）、ＰＢＲ（株価純資産倍率）……

これらはすべて、割り算から導き出される数字です。

なぜ、これほどまでに会計で割り算が重宝されるのかといえば、比較するのに便利だからです。

たとえば、中小企業の人が自社とトヨタ自動車を比べようと思っても、業種も規模もまったく違うので、ふつうに考えたら比較のしようがありません。

しかし、従業員1人当たりではどうなのか、面積当たりではどうなのかと、**割り算をすることによって、トヨタであろうとソニーであろうと、同じ土俵《どひょう》で比較することが可能になるのです。**

そして、比較することではじめて、自分の会社の強みや弱みが見えてきます。

たとえば、日本で有数の巨大企業であるＮＴＴと、お笑いの吉本興業との売上高を比べてみると、つぎのようになります（２００６年３月期連結決算をもとに計算）。

| | |
|---|---|
| ＮＴＴ | 10兆７４１１億円 |
| 吉本興業 | ４６２億円 |

２００倍以上もの差がありますが、従業員１人当たりの売上高を計算するとつぎのようになります。

NTT　10兆７４１１億円÷21万９５０人＝約５０９０万円
吉本興業　４６２億円÷　５９０人＝約７８３０万円

従業員１人当たりの売上高になると、吉本興業が圧倒的に高くなるのです。

この結果から、吉本興業は「社員ひとりひとりが生み出す価値が高い」「無駄な人員が存在しない」、もしくは「ひとりひとりがものすごく働いている」といったことがわかります。

**このように割り算を使って比較することで、その会社の強みや弱みが顕在化《けんざいか》され、特徴を推測できるようになるのです。**

そもそも会計には、異なる時間、異なる場所、異なる業種の企業の業績を比較できる能力があります。そして、この会計の比較可能性は、数字のルール④の「数字は変化しない」→「絶対化」→「比較できる」というところから生まれたものです。

## ノルマなんて怖くない！

「イントロダクション」でも述べたように、数字は絶対的であるがゆえに、ときとして人に恐怖を与えることがあります。

**「数字の暴力性」**です。

数字によるノルマなどが典型的な例でしょう。

とある商品を販売する際、私が売上目標として2万個という数字を出したところ、「そんなに売れっこない」とスタッフがひるんでしまいました。

たしかに、「2万個売るぞ！」というのは、「たくさん売るぞ！」というよりは目標としてわかりやすくていいのですが、数字が具体的であるがゆえに、「2万個売れなかったらどうしよう」というプレッシャーにもなります。

**そこで私が用いたのが割り算です。**

「いやいや、違います。うちの商品を扱っているお店は５００店舗くらいあるので、2万個といっても、1店舗当たり40個売れればいいんですよ」と、割り算を使って説明したのです。

そうして、「なんだ、40個か。だったらできそうだ」と安心してもらったのです。

この話の教訓は2つあります。

まずひとつは、「数字の暴力性」は恐怖を与えるので、使うときは十分に注意しようということ。

そしてもうひとつ。**「数字の暴力性」を乗り越える手段として、割り算を使えば恐怖の数字も身近な数字に置き換えられる**、ということです。

割り算には、こんな効用もあるのです。

**《クイズ②のまとめ》**

- **比較するために、とにかく数字を割ってみる**
- **ノルマ（恐怖の数字）は割ることで身近な数字に置き換えられる**

## キャンペーンはお金よりアイデア

では、３問目のクイズです。

**《クイズ③》**
**ライバル会社が、買い物時に代金の５％を還元《かんげん》するというキャンペーンをはじめました。これに対抗するために、あなたの会社もキャンペーンをすることになりましたが、悲しいことにお金がない。せいぜい２％還元分の予算しかありません。もし、このキャンペーンの責任者に任命されたなら、あなたはどのようなキャンペーンを行いますか？**

ライバル会社は「消費税５％還元セール」などを行えるのに、こちらはたった２％分しか還元できません。これは、お金がない分、アイデアで勝負しろという問題です。どうすれば、ライバル会社との３％の差を埋《う》められるのか？　まずは、ヒントなしで考えてみてください。

（考える時間↓3分）

では、少しヒントを出しましょう。

還元率5％、2％の「％（パーセント）」に注目してください。この単位はいったいなにを意味するものなのか、よく思い出してみてください。

## 単位を換える

では、答えです。

いくら予算がないからといって、新キャンペーンで「2%還元！」と連呼したところで、もともと5%還元キャンペーンを展開しているライバルには勝てません。お客さんは、ぜんぶ取られてしまうでしょう。

では、どうすればいいのか？

注目してほしいのは、数字についている「単位」です。**実は、数字に単位がついているとき、その多くは「単位変換」が可能になります。**

たとえば、1ドルは約117円、1ユーロは約157円（2007年3月31日現在）です。1メートルは100センチメートルで、1000ミリメートルです。また、1ヤードは3フィートで、約0・9144メートルです。

このように、お金であろうと長さであろうと、また、重さであろうと面積であろうと、単位というのは別の単位に変換できるのです。

では、今回の問題で使われている「%」は、なにに変換できるでしょうか？

百分率といわれるように、パーセントの意味するところは「100分のいくらか」

単位は変換可能

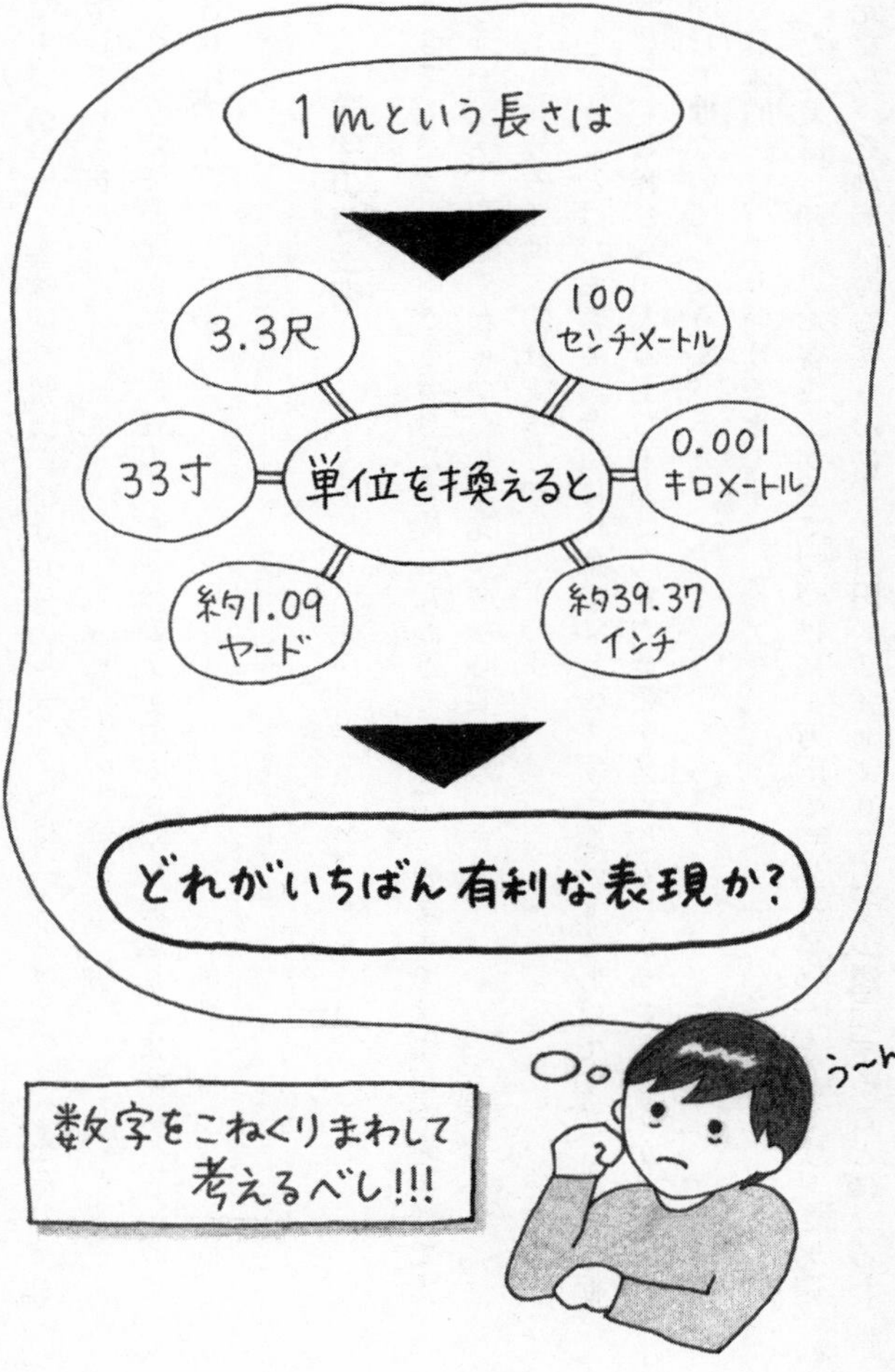
1mという長さは
3.3尺
100
センチメートル
33寸
単位を換えると
0.001
キロメートル
約1.09
ヤード
約39.37
インチ
どれがいちばん有利な表現か?
数字をこねくりまわして
考えるべし!!!
う〜ん

です。ということは、5％は「100分の5」、2％は「100分の2」をそれぞれ指しています。

つまり2％還元とは、代金の100分の2をお客さんにお返ししますよ、ということなのです。

## 数字の錬金術

さて、パーセントから分数に変換したわけですが、このままではまだ中途半端です。もう一段階、頭をやわらかくして先に進む必要があります。

100分の2は、約分《やくぶん》すると50分の1です。

ということは、お客さん全員に代金の50分の1ずつ還元するわけですが、発想を転換して、お客さん50人のうち1人に代金の全額を還元してしまっても、かかる費用は同じではないでしょうか。

具体的には、こういうことです。

たとえば、50人のお客さんが立てつづけに1万円の商品を買ったとします。2％還元なら、それぞれのお客さんに、1万円×2％＝200円ずつ還元することになるわけで、トータルすると、50人×200円＝1万円が総還元金額になります。

だったら、50人のうち1人だけに1万円全額を還元してしまっても同じだということです（他の人は還元なし）。当然、総還元金額は同じく1万円になります。

| | |
|---|---|
| 50分の1ずつ還元 | 50人×1万円×2％　＝1万円 |
| 50人のうち1人に還元 | 50人×$\frac{1}{50}$×1万円＝1万円 |

会社側から見れば、総還元金額はまったく同じわけですから、「2％還元」などといったみみっちいアピールの仕方ではなく、「50人に1人無料！　全額キャッシュバックキャンペーン中!!」と派手にアピールすればいいのです。

「無料」というゼロのチカラを使っているので、お客さんに与えるインパクトは後者のほうがはるかに強くなります。

こうしたキャンペーンは実際に家電量販店などで行われていますが、「50人に1人無料なら、買い物を50回すれば1回は確実にタダになる～」といって、何回も買い物をする人がいるくらいです（それに無料といいつつも、たいていは上限金額が設けられているので、全員に還元するよりは安くすみます）。

**予算がないときは、数字をこねくりまわして、費用対効果の高い宣伝方法を考えるとよいのです。**

## 不確実な未来を考えるときは？

逆に、消費者としてこうしたキャンペーンに対峙《たいじ》したときには、どちらが本当に得なのか、よく考えなければいけません。

今回の場合は、どちらが得なのでしょうか？

実は、この話は、前作『さおだけ屋はなぜ潰れないのか？』でも別の視点からお話ししたのですが、そのなかで私は、お客さんの立場で見れば、「確実に安くなる5％割引を選んだほうが得だ」と説明しました。すると、読者の方から、「なんだかんだいってもタダになるんだから、50人に1人無料のほうが得なのではないか？」というご意見をいただきました。

たしかに、50人に1人無料に見事当たればそのほうが得ですが、当たるかどうかはまったく不確実です。

**そこで活躍するのが、「確率」という考え方です。**

50人に1人無料の場合、当たった人は無料になりますが、当たる確率は50分の1で2%。5%還元の場合は、全員に適用されますが還元率はもちろん5%です。

〈1万円の買い物をした場合〉
50人に1人無料　1万円×当選確率2%＝200円
全員に5%還元　1万円×還元率5%　＝500円

この「200円」「500円」というのは、得られるであろう数値であり、これを数学用語で「期待値《きたいち》」と呼びます。

期待値を計算し、比較することで、どちらが得かが見えてくるのです。今回の場合は、5%還元のほうが300円得する計算になります。

つまり、お客さんの立場から見れば、5%還元のほうが得なのです。

**不確実な未来について考えるときは、このように、「確率」を使って考えると便利です。**

ギャンブルや投資の世界でも、未来が不確実なため、確率の考え方が重視されています。投資の世界では、この不確実性のことを「リスク」といい、このリスクを減らすために、一カ所ではなくさまざまな種類の金融資産に投資する「分散投資」などを行うのです。

## 単位は「土俵」

さて、話をもとに戻しますが、「2%」を「50人に1人無料」に言い換えたポイントは「単位変換」です。

これは「数字の言い換え」の一種ですが、数字に単位がついているときは、「この数字は単位を換えるとどうなるんだ?」と考える癖をつけるといいでしょう。「%」という、ライバルと同じ単位を捨てることで、今回の場合は、3%の差を一気に埋め、大逆転をおさめる可能性が出てきました。

これも数字のチカラです。

**ときには同じ土俵を降りて、違う土俵で勝負する機転が必要となるのです。**

「50人に1人無料」といった「○○人に1人無料」キャンペーンは、いまや、どこでも行っている「ふつう」のキャンペーンになってしまいました。そこで今度は、「60

秒に1人無料」といったキャンペーンも出はじめています。
これも、単位を換えて新しい土俵に飛び出した好例です。
また、数字を大きく見せる手段としても、単位変換はよく使われます。
栄養がつきそうなタウリンという成分が1グラム入っているドリンク剤を、わざわざ、

**「タウリン1000ミリグラム配合！」**

と宣伝するのも、単位変換によって数字を大きく見せたいからです。

**「タウリン1グラム配合！」**

では迫力に欠け、なんとなく効きそうにありません。
ボクシングやプロレスでは、選手の体重を、

**「69・7キログラム！」**

ではなく、

**「153パウンド4分の3！」**

とヤード・ポンド法で紹介していますが、そのほうがはるかに重量感が増します。
数字がうまい人は、このように単位を換えることで数字の印象に劇的な変化を加え、宣伝文句やキャッチコピーにインパクトを与えているのです。

《クイズ③のまとめ》
●単位を違う単位に換えてみる
●同じものでも、単位が違うとまるで印象が異なる

以上のように、ビジネスの数字がうまくなるための第一歩は、「言い換え」「割り算」「単位変換」を意識的に使うことです。

むずかしそうですが、慣れれば誰でも簡単にできるようになります。

つづく第3章では、会計の数字がうまくなるための考え方を、やはりクイズを通して見ていきましょう。

## 《第2章のまとめ》

### ビジネスの数字がうまくなるためには?

→①「言い換え」②「割り算」③「単位変換」を意識的に使って、数字をこねくりまわす

### ①「言い換え」

- 数字は言い換え可能(「1勝2分け」は「3戦無敗」に言い換える)
- 言い換えのコツ
  1. いちばん有利な数字を見つける →どこを使ってどこを捨てるか?
  2. なるべくインパクトの強い言葉に言い換える → 例:0(ゼロ)を使う

### ②「割り算」

- 割り算によって、アピールできる数字を作り出すことができる
- 比較、分析するために、まずは割り算
  →業種や規模が違っても、割り算を使うことで比較、分析が可能になる(割り算は「キング・オブ・分析」)
  →割り算をすることで小が大に勝つ可能性を見出すことができる
- 「数字の暴力性」の対処法
  →恐怖の数字(ノルマ)は、割り算を使って身近な数字に置き換える

### ③「単位変換」

- 数字は単位を換えることで、印象が180度変わる
  →「2%還元」を「50人に1人無料」に
  →「タウリン1グラム」を「タウリン1000ミリグラム」に
- 数字に単位がついているときは、他の単位に換えることができないか考える癖をつける

第3章

# 食い逃げされてもバイトは雇うな

## 会計の数字がうまくなる

## 旅行に行きたい妻、行きたくない夫

あるとき、旅行のパンフレットを片手に、妻が私に訴えました。

「ね〜、海外旅行に行こうよ〜。サン・ピエトロ大聖堂とかピラミッドとか、絶対に感動するって。ほら、あちこちまわる、いいツアーがたくさんあるよ〜」

「この前、大画面プラズマテレビを買ったから、それで見れば十分でしょ」

「テレビで見るのと、実際に行って見るのはぜんぜん違うって！　お金がもったいないから、行きたくないんでしょ！」

「それは違うよ。ＣＭによると、『お金で買えない価値がある』らしいし」

「じゃあ、行こうよ!!　これなんてどう？　『イタリア４大都市をめぐるツアー』」

「ふーっ。ねえ、ツアーとジャーニーの違いって知ってる？」

「え？」

「同じ旅でも、ジャーニーには〝自由〟があって、ツアーには〝制約〟があるんだよ」

「は？　なにいってるの？」

「だから、ツアーはあらかじめ帰る日時が決まっていて、決められた観光地を矢のように飛びまわらなければならないでしょ。制約だらけなんだよ。一方のジャーニーは、帰る日時も決めないで、行きたいところを気ままにめぐればいい。自由で、制約なんてどこにもないんだよ」

「ふーん、それで？」

「どうせ海外まで行くなら、ツアーじゃなくてジャーニーがしたいよね。だから、今度2カ月ぐらいの休みが取れたら、ジャーニーに行こうね」

——もちろん、ただのヘリクツです。

単純に旅行に行くのが面倒くさいだけです。いまの状況で2カ月の休みなど取れるはずもなく、結局、妻の怒りをより激しくしただけでした。

しかし、ジャーニーは自由で制約がないというのは本当です。必ずしも帰ってくることを意味しないくらいの旅、それがジャーニーです。

## 会計の数字はガチガチのツアー

実は数字にも、自由な数字と制約された数字があります。

私がこの「数字の自由と制約」に気がついたのは、ある方との出会いがきっかけでした。

本書の「はじめに」でもご紹介したように、「会計に対する苦手意識の原因は数字にある」というのが私の自説です。しかし、あるとき、なんと「数字を扱うのは得意なんだけど、会計は苦手」という方に出会ってしまいました。

こまった私は、必死になってその理由を考えました。そして、つぎのような結論に達したのです。

**「ふつうの数字と会計の数字は、数字という意味では同じだけれど、その性質はぜんぜん違う。ふつうの数字は〝自由〟なのに対し、会計の数字は〝制約〟されている」**

さきほどの旅の話でいくと、自由気ままなジャーニーがふつうの数字で、ガチガチのツアーが会計の数字です。

どんなガチガチ（制約）かというと、言い換えたり単位を変換したりしちゃダメ、というガチガチです。

というのも、会計の数字はすべて「お金」が前提になっています。ですので、単位は基本的に円。これをミリグラムに変換することなんて、当然できません。

「本当は7時でいいけど、6時53分にしてしまえ」というようなことも、もちろんできません。会計で、「本当は費用が700万円だけど、653万円にしちゃえ！」などとやったら、それは粉飾《ふんしょく》だからです。

**このように、会計の数字というのはガチガチに制約されているのです。**

そして、私の「会計に対する苦手意識の原因は数字にある」という説は、正確には、「会計に対する苦手意識の原因は数字にある。そして、その数字には自由なものと制約されたものがあり、会計に対する苦手意識を克服するためには、後者のハードルを越えねばならない」ということになります。

例の、「数字を扱うのは得意だけど、会計は苦手」という方は、ひとつ目のハードルは越えたけれど、ふたつ目のハードルでつまずいてしまったのです。

本当に数字がうまくなるためには、両方のハードルを越えなければなりません。

## 数字をありのままに見る

自由な「ふつうの数字」に対するハードルの越え方は、これまで第1章、第2章でご説明したとおりですが、制約された「会計の数字」に対するハードルは、いったいどうやって越えたらいいのでしょうか？

結論としては、制約された会計の数字を見る際には、つぎの姿勢が必要です。

**――数字をありのままに見ること。**

第1章でお話しした、「表現として数字を使いこなす」とは180度逆の姿勢です。

つまり、会計の数字に立ち向かうには、意識の抜本的《ばっぽんてき》な切り替えが必要なのです。

なぜ「数字をありのままに見る」姿勢が必要なのかについては、またクイズを通して確認していきたいと思います。

## 会計力診断テスト

あなたの現在の実力を確かめるために、まずは、会計の数字に関する簡単なクイズを出したいと思います（この問題は、前作『さおだけ屋はなぜ潰れないのか？』でも簡単に触れましたので、すでに答えをご存じかもしれませんが、復習の意味も込めて、もう一度おつきあいください）。

3秒以内にお答えください。

**《クイズ④》**
**コストを削減したい。AとB、どちらのほうがお得でしょうか？**
**A．1000円のものを500円で買う。**
**B．1001万円のものを1000万円で買う。**

**――ずばり、正解はBです。**

コストの削減は、どこの企業でも血眼《ちまなこ》になって行っていますが、結局これは、いかにお金を使わないか、節約するかということに尽きます。

「A．1000円のものを500円で買う」と「B．101万円のものを100万円で買う」を比べたとき、どちらがより節約できているでしょうか。

値引率でいえばAは50%、つまり半額なのに対して、Bはたったの1%弱です。値引率の高いほうを選ぶ問題なら、Aが正解でしょう。

ですが、これはコスト削減の問題です。いくら値引率が高くても、削減できるコストが微々《びび》たる金額であれば意味がありません。

**値引きのパーセンテージではなく、いくら得したのかという金額が優先される問題なのです。**

金額でいえば、Aは1000円－500円＝500円安くなったのに対し、Bは101万円－100万円＝1万円も安くなっています。どちらが得かは小学生でもわかります。ですので、答えはBです。

「でも、Aは50%引きですよ……」という声が聞こえてきそうです。

たしかに、Aは50％引きなのでお得な気がします。このAの商品を20回つづけて50％引きしてもらえるのであれば、Bと同じく1万円の得になります。しかし、20回も50％引きがつづくことを期待するのは、虫がよすぎるというものです。

節約はパーセンテージではなく金額で考える、金額重視の姿勢が大事です。

**これは会社や家庭を問わず、節約の鉄則です。**

## 金額重視主義

「従業員が100円のペンを無駄づかいした！」「紙の使いすぎで1カ月5000円も損している！」と怒る経営者がいますが、金額重視の視点から見るとおかしな話です。

それよりも、経営者が本当は1050万円で受注できる仕事を、「おたくにはお世話になっているから、今回は1000万円でいいですよ」といって、あっさり50万円値引きしたりすることのほうが大問題です。

チリも積もれば山になるとはいえ、50万円の値引きをカバーするためには、100円のペンを5000本も節約する必要が出てきます。

無駄づかいはエコロジーの問題であって、コストの問題ではありないのです。
このようなおかしな現象は、IR（会社の投資家向け情報）でもよく目にします。

〈SOS株式会社　○年決算〉
A事業部利益　前年比10％減少
B事業部利益　前年比25％減少
C事業部利益　前年比130％増加

この資料を見ると、SOS株式会社は2つの事業では苦戦していますが、C事業部の躍進がそれをカバーしてあまりあるように見えます。
しかし、金額で見てみるとつぎのようになります。

〈SOS株式会社　○年決算〉
A事業部利益　2億円減少
B事業部利益　8000万円減少
C事業部利益　600万円増加

A事業部とB事業部の利益減少額があまりにも大きく、C事業部による利益の600万円増加は焼け石に水です。C事業部が手がけているのは、まだまだ小規模な事業だったようです。

世の中には数字があふれています。

ビジネスの世界は特にそうなのですが、**あまりにも数字があふれているので、数字を発表する側は自分にとってもっとも有利な数字を提供します。**

これに惑《まど》わされない方法のひとつが、金額という絶対的な価値尺度のみで判断する「金額重視主義」です。

## 大きな数字にアバウトにならない

クイズ④で、「B．101万円のものを100万円で買う」を選べなかった方の理由としては、100万円も101万円もたいして変わらない、という感覚があったのではないでしょうか。

よく考えたら1万円も違うのですが、100万円という大きな金額の前では、たい

## 金額重視主義

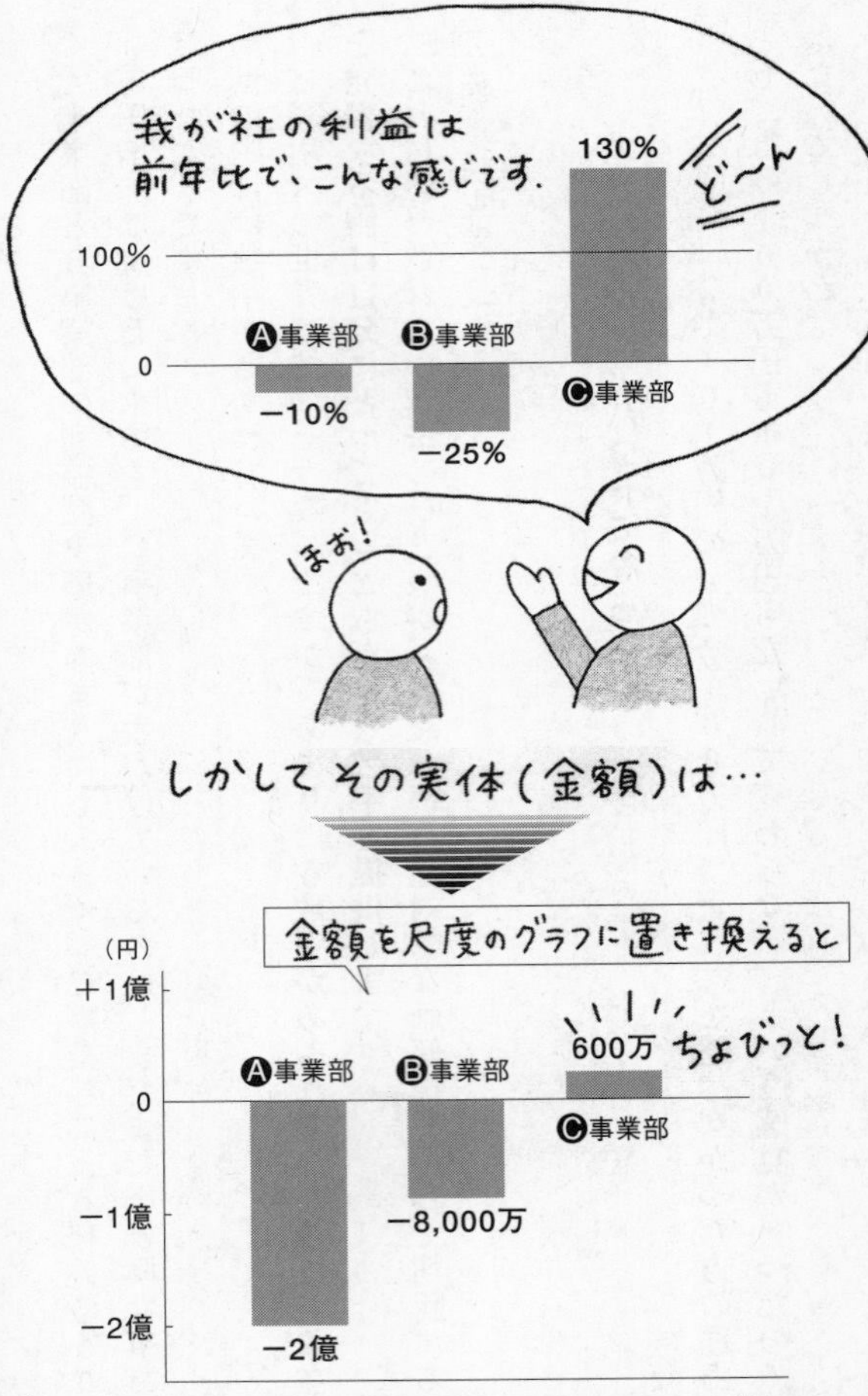


都合のいい発表は「金額重視主義」で見破れ!

したことのない金額のように思えてしまうものです。

**人は、ふだん接していない額のお金に対してはどうしてもアバウトになりがちです。**

私も車を購入したとき、１５０万円の予算で買いにいったのに、やれ5年保証コーティングだの、やれ障害物に近づいたときにピコンピコンと音が鳴るセンサーだの、いろいろとオプションをつけているうちに、総額が１８０万円になってしまいました。

ふだんの生活で30万円の買い物をするとなれば、数カ月はウンウン悩むくせに、このときは「どうせ大金を払うのだから、１５０万円も１８０万円もたいして変わらないかな？」と思ってしまい、ほんの10分で決断してしまったのです。

それくらい、大きな金額を前にすると、人の金銭感覚はマヒしがちです。

日本の国の借金は約５４２兆円（２００６年度末現在）といわれていますが、４５２兆円といってもたいして変わらない気がします。５４２兆円でも４５２兆円でも正直どっちでもいいよ、といいたくなってしまいます。

でも、よーく考えてみてください。90兆円も違います。

ですので、国の舵《かじ》取り役もそうですが、経営者に大事な資質というのは、ふだん接しない大きな金額のときでも、ちゃんと節約できることだといえます。

**いえ、大きな金額のものほど節約効果が大きいので、小さな節約は無視してでも大**

同じ「30万円」でも……

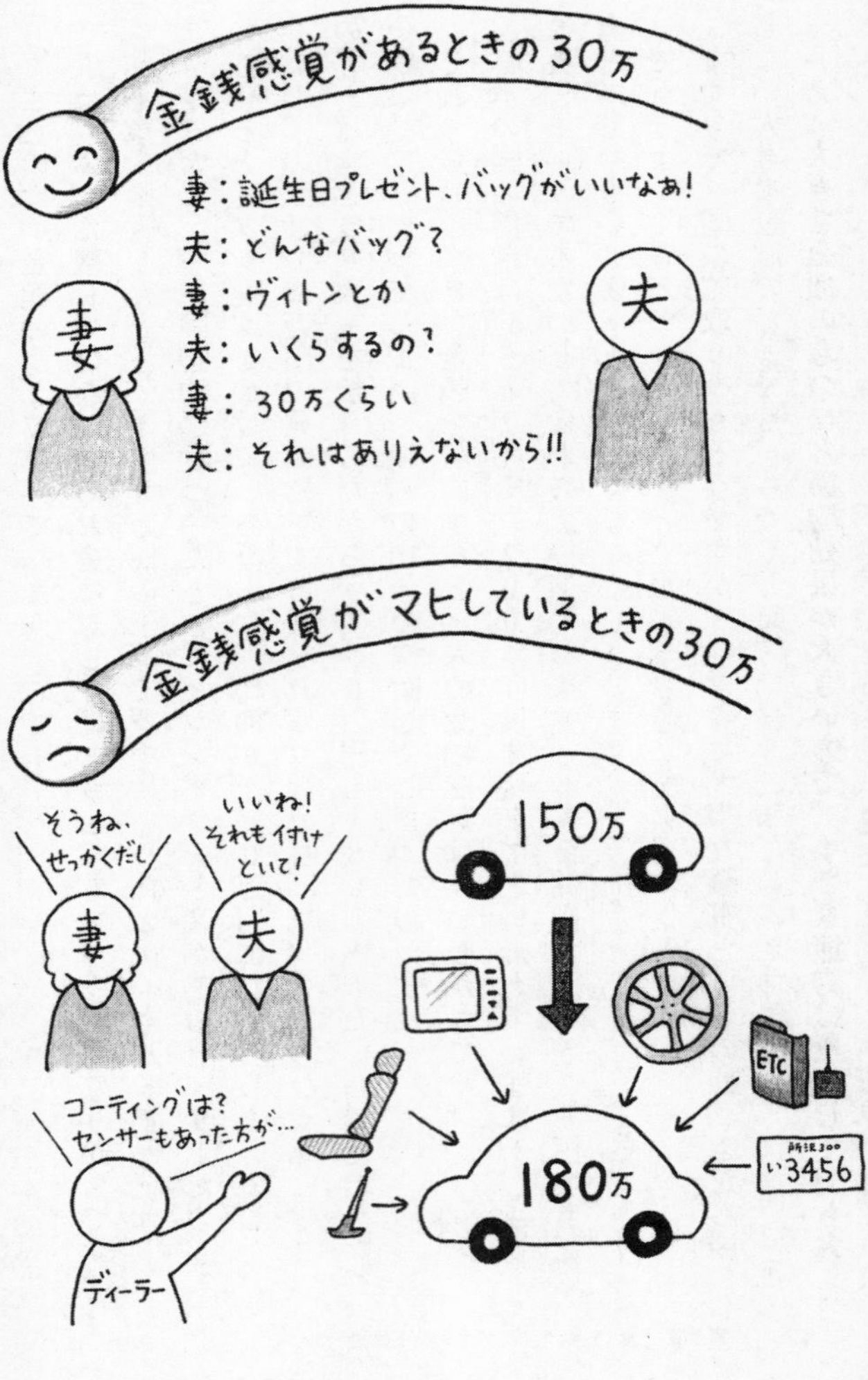
金銭感覚があるときの30万
妻：誕生日プレゼント、バッグがいいなぁ！
夫：どんなバッグ？
妻：ヴィトンとか
夫：いくらするの？
妻：30万くらい
夫：それはありえないから!!
妻
夫
金銭感覚がマヒしているときの30万
そうね、せっかくだし
いいね！ それも付けといて！
妻
夫
150万
ETC
コーティングは？ センサーもあった方が…
所沢300 い3456
180万
ディーラー

**きな節約を心がけるべきです。**

100万円と101万円は違います。数字がうまい人は、ちゃんとこの1万円を意識できるのです。

**《クイズ④のまとめ》**
**●節約や会社の成長は、パーセンテージではなく金額で考える**
**●大きな金額のときほど、節約をすると効果が大きい**

## ラーメン屋はなぜ潰れないのか？

では、つぎの問題です。

**《クイズ⑤》**
**近所に、いつ見てもお客さんがほとんどいないボロボロのラーメン屋があります。どうして潰れないのでしょうか？**

（考える時間↓3分）

引っかけクイズではないので、「店主が趣味でやっている」「店主は年金で生活できる」「実はラーメン屋ではない」「どこかの秘密結社から資金援助が……」といったビジネスから離れた答えは考えないでください。

あくまで会計的に、答えを出してください。

さて解答ですが、ポイントは、「いつ見てもお客さんがほとんどいない」というところです。

つまり、お客さんを1人か2人は見かけることもあるわけであり、「まったくいない」わけではないのです。

そもそも、ラーメン屋ですので、お客さんはあまり長居しません。自分が見たときにお客さんがいなくても、1日の単位で見れば、お昼時はそこそこの人数が来る、もしくは30分に1人くらいは来る、と考えられます。

仮に、1時間に2人はお客さんが来る、として計算をしてみましょう。

お客さん1人あたりの売上高は、ビール代なども含めて平均1000円。開店時間は1日10時間、開店日数は週1日のお休みでひと月26日間としましょう。

2人×1000円×10時間×26日＝52万円

このように計算してみると、1時間にたった2人のお客さんしか来なくても、月52万円は売上を確保できることがわかります。

材料費や水道光熱費などで半分を使ったとしても、月26万円は手元に残ります。

店主1人で、自宅でお店を開いているのであれば、人件費も家賃もいりません。

〝ボロボロのラーメン屋〟なので設備も新設していないと考えると、手取りが26万円あれば、なんとか一家で暮らしていける金額です。

つまり、ほとんどお客さんがいないラーメン屋でも、なんとか潰れずにやっていくことは可能なのです。

あなたの地元にも、お世辞にも繁盛《はんじょう》しているとはいいがたいのに、なぜかむかしからずーっと商売しているお店がありませんか？　そして、どうして潰れないんだろう、おかしい、と思ったことはありませんか？

しかし、現実に潰れずにやっているのであれば、必ずなにか儲けのカラクリがあるはずです。

私は、正解・不正解はとりあえず無視して、なにか疑問に思うことがあったら、まずは試しに計算するようにしています。そうすれば、カラクリがぼんやりと見えてくるからです。

**大事なのは、感覚や印象ではなく、実際に数字（金額）で考えてみることです。そうすることではじめて見えてくることがあるのです。**

今回のように売上に関する疑問であれば、〝人数〟や〝時間〟や〝日数〟を掛け算することで、その全体が見えてきます。

また、掛け算は、商品の販売予測やイベントの集客予測でもベースとなる、単純だけれどとても有用な手法なのです。

## 食い逃げの多いラーメン屋

ひきつづき、さきほどのラーメン屋の問題です。

**《クイズ⑥》**

**クイズ⑤のボロボロのラーメン屋は、お客さんがいるのに、店主が出前に出てしまうことがあります。その間、お店がカラになるので、食い逃げをする人がたびたび出てしまいます。**

**そこで、なじみのお客さんが、「食い逃げする奴が多いから、バイトを雇ったほうがいいんじゃないか」とアドバイスしました。**

**しかし、店主は見張りのためのバイトを雇おうとはしません。なじみのお客さんは、「いい人だけどバカな店主だなあ」と笑いました。**

**さて、この店主は本当にバカなのでしょうか？**

（考える時間↓1分）

お待たせしました。いよいよ「食い逃げ」の話です。

「はじめに」でも述べたように、これは非常に会計的な問題であり、感覚ではなく数字で考えていく必要があります。

やはり、試しに計算してみましょう。

お客さんが食い逃げする確率を20％（5人に1人）、バイト代を時給800円とすると、1日あたりの金額はつぎのようになります。

| | |
|---|---|
| お客さんの数 | 2人×10時間＝20人 |
| 食い逃げの被害額 | 20人×20％×1000円＝4000円 |
| バイト代 | 800円×10時間＝8000円 |

→**食い逃げの被害額「4000円」＜バイト代「8000円」**

5人に1人が食い逃げするというのはかなりの無法地帯ですが、それでもバイトを雇うほうが高くつきます。

また、食い逃げは事前に予測できないので、食い逃げを防ぐためにはバイトを毎日置かざるを得なくなります。そうなると、その人件費は800円×26日で実に月20・8万円にもなり、固定費として経営の大きな負担になります。

**このように、金額だけを見れば、バイトを雇うより食い逃げ犯を見逃したほうがお**

どっちが損?

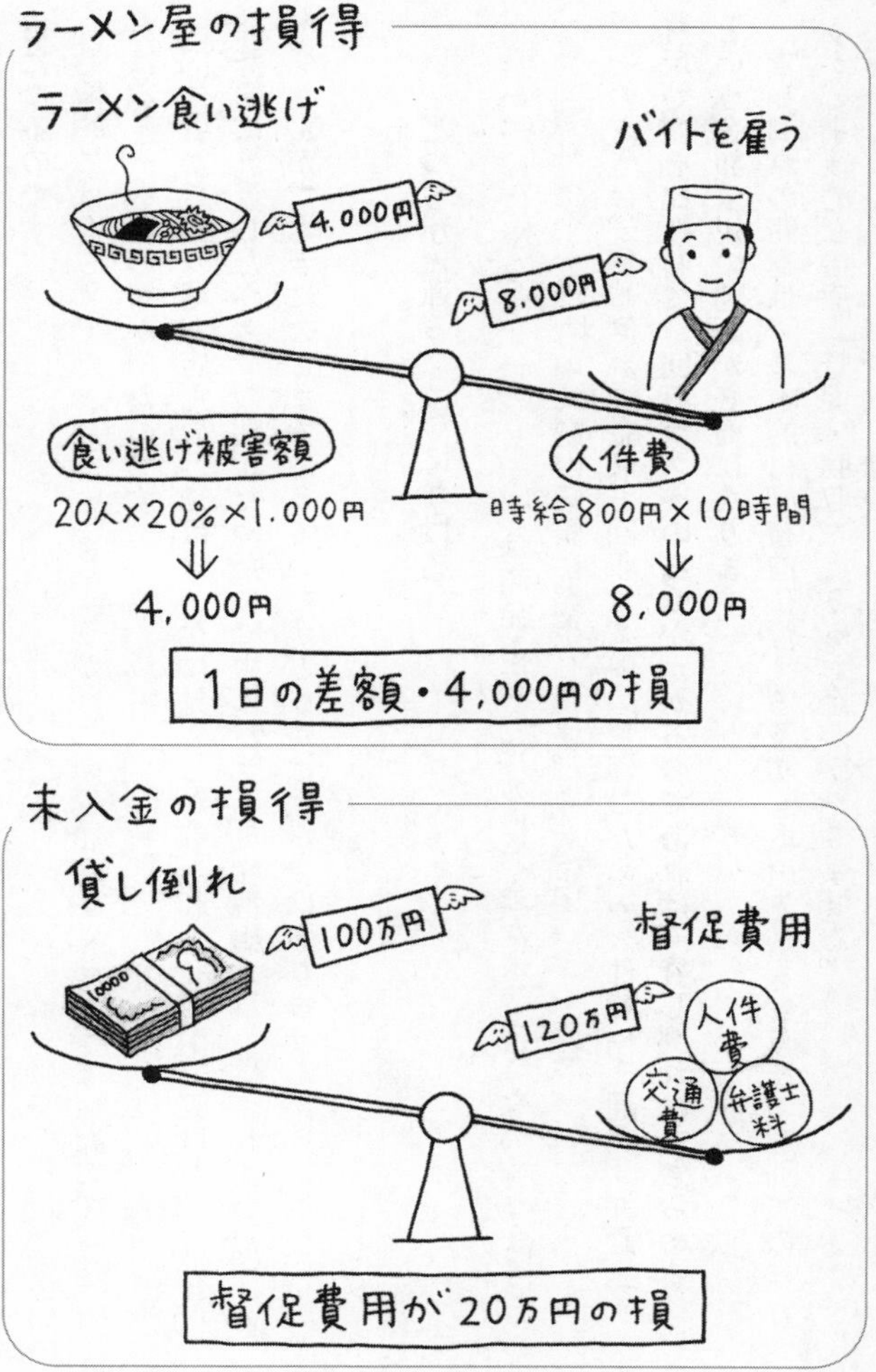
ラーメン屋の損得
ラーメン食い逃げ
4,000円
バイトを雇う
8,000円
食い逃げ被害額
20人×20%×1,000円
⇓
4,000円
人件費
時給800円×10時間
⇓
8,000円
1日の差額・4,000円の損
未入金の損得
貸し倒れ
100万円
10000
督促費用
120万円
人件費
交通費
弁護士料
督促費用が20万円の損

**得になるのです。**

心情的には悔《くや》しくてたまらないでしょうが、この理屈がよくわかっていたので、店主はバイトを雇わなかったのです。

部外者から見れば、店主の行動はマヌケに見えるかもしれませんが、実はちゃんと会計的に計算したうえでの判断だったのです（バラエティ番組でバカにされていたオヤジさんが、本当にここまで考えていたかどうかは定かではありませんが……）。

## どっちが損か？　秤《はかり》にかける

食い逃げに限らず、ビジネスでは商品を売ったのにお金が入ってこない、つまり「貸し倒れ（未入金）」の問題が頻繁《ひんぱん》に発生します。

そのときは、貸し倒れの金額と回収コスト（督促《とくそく》のための人件費や交通費、弁護士費用等）を比較して、**回収コストのほうがかかるのであれば、貸し倒れはあきらめるという金額重視の判断が必要になります。**

貸し倒れの問題は、基本的に、事前に行える予防（取引先・入金方法の選別）のほうが、事後的な治療（督促・回収）よりもお金がかかりません。

会社どうしの場合は、掛《かけ》取引や手形取引をやめてファクタリング※などを使って現金取引に近づける、消費者相手の場合は、コンビニでの後払いなどよりもクレジットカード決済や口座自動引き落としにしてもらうといった予防策を考えたほうが、結果的に貸し倒れを防ぎ、回収のための変なストレスもためなくてすむのです。

※ファクタリングとは、売掛金《うりかけきん》などの債権をファクタリング会社に売却して早期に現金化することをいいます。ファクタリング会社が自社の代わりに債権を回収してくれます。もちろん、ファクタリング会社へは手数料を支払わなければなりませんが、貸し倒れの心配はなくなります。

## あの牛丼屋にはなぜ食券機がないのか？

実際のところ、食い逃げの被害でこまっているお店はとても多いので、どのお店も前払い制などの予防策を取っています。

しかし、とある有名牛丼店チェーンでは、他のライバル店が食券機による前払い制を導入するなか、いまでも店員による後払い制をとっています。

食い逃げも発生しそうなのにどうして食券機を置かないのでしょうか？

話によると、食券機を置いてしまうと、なにもいわずに帰ってしまうお客さんに対して「ありがとうございました」とちゃんといえないから、ということだそうです。しかし、また別の話によると、以前に試したところ、昼食のかき入れ時に食券機の前で行列ができてしまい、入口が大混雑。その入口の様子を見たお客さんが、「これでは混雑しすぎで食べられない」と思い、他店に行ってしまう、という機会損失※が発生したため、全店への導入は中止したのだとか。

**つまり、「食い逃げされても食券機は置くな」**です。

食い逃げによる被害額と機会損失額との比較による判断。もしこの話が本当だとしたら、金額重視主義による経営判断が、食券機を置かない理由だったのです。

※機会損失とは、売り逃し、売り損ないのこと。チャンスロスともいいます。売上のチャンスをみすみす逃す行為なので、売れ残ることよりもよくない場合があります。『さおだけ屋はなぜ潰れないのか？』では、完売したのに怒られた店員のエピソードのところで解説しましたので、もしよかったらそちらもご覧ください。

## 「食い逃げは追うな」と書かれたマニュアル!?

食券機を置かない、とある有名牛丼店チェーンには、つぎのような話もあります。

「この牛丼店チェーンで食い逃げをしても、店員は絶対に追いかけてこない。なぜなら、お店のマニュアルに、〝食い逃げされても追いかけてはならない〟と書いてあるからだ」

なぜ、マニュアルにこんなことが書かれているのでしょう。

「追いかけると騒ぎが大きくなるから」「制服で追いかける姿が店の品位を落とすから」「反撃されたら危険だから」など、さまざまな説があります。

いったいどれが、本当の理由なのでしょうか？

――と話をふっておいてたいへん申し訳ないのですが、この話はおそらくデマです。

もし本当にマニュアルにそんなことが書いてあったら、そして、そのことが世間にバレたら、食い逃げする人たちの格好のターゲットになってしまいます。もちろん、倫理的にも問題です。

ですので、この話はきっと、よくある都市伝説のたぐいでしょう。

ただ、百歩譲《ゆず》って超金額重視主義の人が店長だったなら、口頭で「食い逃げされても追いかけてはならない」的なことはいったかもしれません。

というのも、牛丼のような単価の低い商品の場合、食い逃げされてもその被害額はたかが知れているからです。食い逃げ犯を追いかける時間、説教する時間、店に戻るまでの時間などを考えると、どう考えてもコストがかかりすぎなのです。

このような都市伝説のたぐいも、数字で切ってみると案外、真実が隠されているのかもしれません。

**《クイズ⑤と⑥のまとめ》**

- **感情より勘定《かんじょう》（数字）で判断する**
- **食い逃げ（貸し倒れ）の金額よりバイト代（回収コスト）のほうがかかるのなら、食い逃げはあきらめる**

## 節約しているはずなのにお金が残らない理由

クイズ④⑤⑥を通して確認していただきたいのは、つきつめると、この章の冒頭でお話しした「数字をありのままに見る」姿勢です。**あらゆる感情を排除して、数字のありのままの姿を捉えることは、金額重視主義の極意なのです。**

実は、これはむずかしいことでもあります。

「長年のつきあいだから損をしても仕方がない」

「早く忘れたいから先方の言い値でもかまわない」

「旅先だからパーッと使いたい」

金額の大小ではなく、感覚や印象、善悪で金額の判断をしてしまう場面はたくさんあります。

クイズ④（123ページ）では値引率とふだん接していない金額のせいで、クイズ⑤（131ページ）では見た目の印象のせいで、クイズ⑥（135ページ）では善悪の問題のせいで、数字を素直に見られなかった方もいると思います。

**ですが、これらの感情が入ると、会計的思考はできなくなります。**

別に感情でビジネスをしてはいけない、家計を預かってはいけないといっているのではありません。

ただ、論理的な思考を停止してお金を使ってしまうと、気がつかないうちにお金はなくなってしまいます。

金額は金額で判断したうえで「3万円損をしたら、他で3万円を節約しよう」と肝に銘《めい》じながらお金を使わないと、コスト削減や節約はできません。なぜなら、感情で行うビジネスは、現実と不整合を起こすこともあるからです。

**なんとなく儲かっていると思っていても、実際には手元にお金がなかったりすることもあります。感情と現実との間には、ズレが生じやすいのです。**

しかし、会計には感情と現実のズレを明らかにしてくれる、便利な道具も発明されています。

それが、究極かつ単純な公式「損益計算」です。

## 古本屋はなぜ潰れないのか？

では、損益計算についての問題をひとつ出しましょう。

**《クイズ⑦》**

**近所に、お客さんが1日に数人しかいない小さな古本屋があります。どうして潰れないのでしょうか？**

**その理由を、最低でも2つお答えください。**

（考える時間↓3分）

1日に数人しかいないと明示されているので、ボロボロのラーメン屋のように時間を掛け算すればなんとかなるというケースではありません。

さて、お客さんが数人しかいなくても成り立つ裏には、どういうカラクリが隠されているのでしょうか？

## 損益計算は引き算

それでは、クイズ⑦の解説をはじめます。

そもそも、「潰れる」「潰れない」とはどういうことなのかを考えるために、会計の基礎からおさえていきましょう。

会計の目的は、ひと言でいえば、お金の動きを集計、分析して、経営に役立てることです。**けっして、集計することだけが目的ではありません。**

税務申告があるから仕方なく集計だけはしていますという会社は、会計がなんの役にも立っていません。家計簿にとりあえず金額だけは書いているけれど、月ごとに比較もしていないし、見直してもいないということであれば、その家計簿は実力の半分も発揮できていません。

**ちゃんと分析して、経営や家計に役立ててはじめて、会計の目的は達せられるのです。**

ところで、最初に行うべき集計は、どのような手順を踏むのでしょうか。

ここで登場するのが、会計の大原則ともいうべき、つぎの公式です。

**《会計の大原則・損益計算》**
**収益－費用＝利益（損失）**

会計における数字の集計は、まず、さまざまな数字をこの公式にある「収益」か「費用」に集めることからはじめます。

具体的には、売上、株取引の売却益・配当《はいとう》益、銀行の利息といった、お金が入ってくるものを「収益」に集め、人件費や仕入れ費用、家賃、交際費といった、お金が出ていくものを「費用」に集めます。

そして、「収益」から「費用」を引いて、プラスであれば「利益」、マイナスであれば「損失」と呼ぶのが、会計の大原則です。

むかしから使われている万国共通の公式なのですが、専門用語ではこれを、損失の「損」と利益の「益」で「損益計算※」と呼んでいます。

**会計の大原則は、実にシンプルな引き算なのです。**

つまり、極論すれば、小学校1年生でも損益計算はできることになります。

※よく「損益計算書（P／L）」という言葉が経済誌などで出てきますが、これは損益計算の内容を細かく書類にしたものです。そして、この損益計算の結果が示すところはなんなのかといえば、プラス（利益）が出れば会社はほぼ潰れません、マイナス（損失）が出れば会社はいずれ潰れます、といった単純なことです。

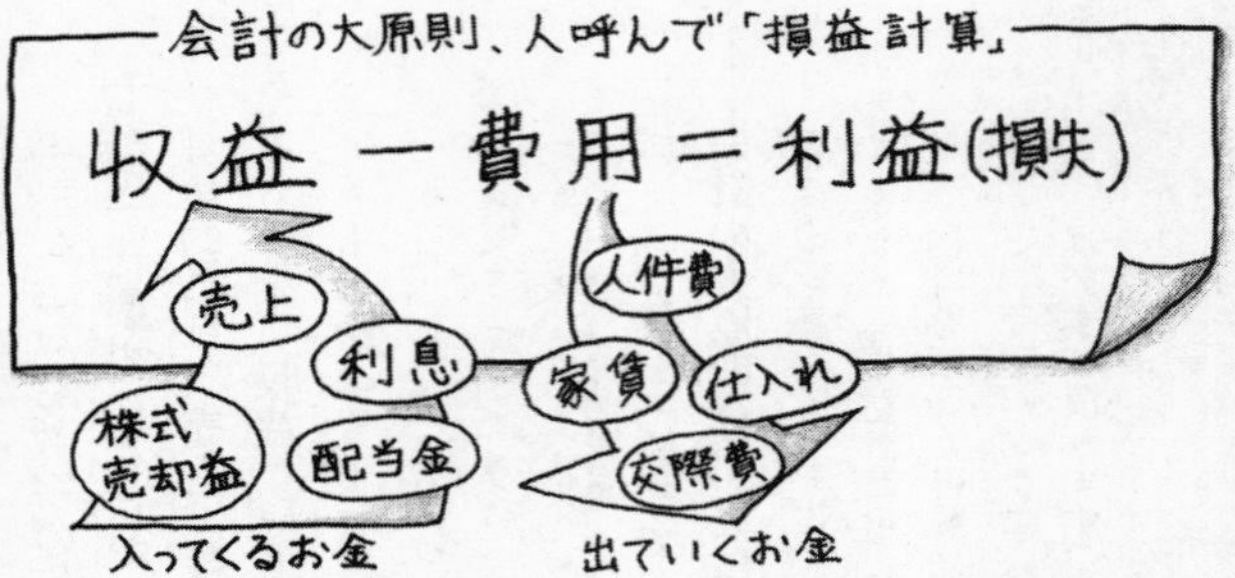


**損益計算書** ［平成18年4月1日から 平成19年3月31日まで］

単位:百万円

| 科目 | 金額 | |
|---|---|---|
| 売上高 | | 280,864 |
| 売上原価 | | 177,325 |
| 売上総利益 | | 103,539 |
| 販売費及び一般管理費 | | 45,918 |
| 営業利益 | | 57,620 |
| 営業外収益 | | |
| 受取利息及び配当金 | 71 | |
| 雑収入 | 11,521 | 11,593 |
| 営業外費用 | | |
| 支払利息 | 475 | |
| 雑損失 | 267 | 743 |
| 経常利益 | | 68,470 |
| 特別損失 | | |
| 固定資産除却損 | 10,190 | |
| 店舗閉店損失 | 124 | |
| その他 | 102 | 10,417 |
| 税引前当期純利益 | | 58,053 |
| 法人税、住民税及び事業税 | 27,346 | |
| 法人税等調整額 | △ 3,267 | 24,078 |
| 当期純利益 | | 33,974 |

※記載金額は百万円未満を切捨てて表示しております。

**豆知識** 損益をまとめたものが、“profit and loss statement” 略して “P/L”。でも、これは古い言い方で、本当は “statement of income” という。

## 潰れないのは利益が出ているから

さてここで、クイズに出した古本屋について考えてみましょう。

このお店が潰れないのは、損益計算の結果がプラスになっているからに他なりません。つまり、お客さんが数人しかいないにもかかわらず、ちゃんと利益が出ているのです（**このように、「潰れない」→「なぜ？」→「利益が出ているから」と考えていくのが会計的思考です**）。

では、利益が出ているとはどういうことか？

公式通りに考えるなら、意外に収益が多いか、意外に費用が少ないかのどちらか（もしくは両方）になるはずです。

この前提をふまえてもう一度、潰れない古本屋の実態について考えてみてください。

●**この古本屋は、実は収益が多い。なぜか？**

●**この古本屋は、実は費用が少ない。なぜか？**

どうでしょう。なにか思い浮かびましたでしょうか。

## 「見えない経済大陸」

まず、意外に収益が多い場合ですが、代表的な解答例はつぎの2つでしょう。

①インターネット販売
②単価の高い商品の販売

①インターネット販売については、実はキャッシュポイント（収入源）が、店頭という1カ所ではなく複数あるということです。

いまや、お客さんは目の前の現実世界にのみいるとは限りません。

経営コンサルタントの大前研一氏が「見えない経済大陸」と表現する、インターネットによってつながった経済社会では、**むしろ、いかに顔を合わせないお客さんを囲い込むかが焦点になっています。**

これは、古本屋のような、古くからある業種でも同じことです。

現実世界の店舗はいわばただの在庫置き場であり、お客さんが来れば儲けものといった感覚で、売上の大半はインターネットでの通信販売だといったお店も多くなってきています。

ですので、いつもお客さんが見当たらないからといって、単純に儲かっていないと判断するのはたいへん危険です。お客さんが入っていないお店でも、大きな売上を出すことは十分に可能なのです。

## 名簿はボロ儲け

2つめの解答例、②単価の高い商品の販売とは、美術書や写真集、古文書などもありますが、代表的なものは名簿の販売です。

学校の卒業者名簿、同窓会名簿、会社の職員名簿、資格者名簿、町会名簿といった名簿類が、一部の古本屋において高値で取引されていたのはご存じでしょうか。

もともとタダで配っているものも多いので、仕入れ値はせいぜい数千円です。それを5万円、10万円といった高値で販売するので、月に2、3冊でも売れれば、たとえお客さんが少なくても大きな売上を出すことが可能になります。

ただ、問題がまったくないとはいえません。

単価の高いものには常に大きなリスクが伴います。**つまり、売上を単価が高いものに頼っていると、万が一その供給が断たれたとき、にっちもさっちもいかなくなってしまいます。**

名簿でいえば、2005年に施行された個人情報保護法により、学校や企業において、名簿そのものが作られなくなったケースが非常に多くなっています。すると、商品の供給が断たれてしまうので、どうしようもなくなってしまうのです。

## セドリ

つぎに、意外に費用が少ない場合です。いったい、どういうケースが考えられるでしょうか？

**答えは、ずばり「セドリ（背取り）」です。**

はじめてこの言葉を聞く方も多いと思いますが、他の古本屋でなぜか安値で売られている希少本《きしょうぼん》を仕入れ、自分のお店において適正価格で売り（もしくは、適正価格を知るお店に売り）、その差額で利益を出す手法のことを指します。

たとえば、他の古本屋において500円で売られている手塚治虫の絶版本を買ってきて、自分のお店において相場の5000円で売るような行為のことです。

なぜ安値で売っている古本屋があるのかというと、客層の違いがあったり、店主に知識がなかったりするためです。

そして、セドリは以前よりも活発に行われています。

そのきっかけは、ブックオフにある「一律100円」の棚です。ここに眠る希少本をドカッと購入して、自分のお店では適正価格で売るのです。

ご存じのように、新古書店と呼ばれるブックオフでは、相場ではなく、きれいか汚いかのみを判断基準に古本を仕入れています（だからこそ、ふつうのバイトでも持ち込まれる古本の買い取り審査が可能になり、効率化が図れるのです。ブックオフがこれだけチェーン店を増やすことができたのは、本来は専門知識を要する買い取り審査のやり方を根底から変えたからです）。

その結果、有名作家の初版本や絶版本など、本来なら高値で売買される古本が「よごれている」という理由から100円で売られており、そこにねらいを定めて古本屋の店主はセドリを行うのです。

この方法は、仕入れ価格が低いので利幅が大きく、通常の古本販売よりも稼《かせ》ぐことができます。

〈2000円の価値がある古本〉
自店に来るお客さんからの仕入れ　1100円
ブックオフからの仕入れ（セドリ）　100円
お客さんから仕入れた本の販売　2000円－1100円＝900円
セドリによる本の販売　2000円－100円＝1900円

↓

**セドリのほうが約2倍の儲け**

最近では、インターネットによって古本の相場がわかるようになったので、素人でもセドリを行う人が多くなりました。元手もかからず、利幅も大きいので、大人気だといいます。

本が好きな人は、週末の副業としてセドリを行うのもいいかもしれません。

## 利益を出すための唯一の方法

今回はクイズなので話を単純化しましたが、実際には、古本屋さんが高額書籍販売やセドリだけで利益を出すことはむずかしいでしょう。

インターネット販売や高額書籍販売などの収益を増やすための努力と、セドリや引っ越しの際の出張買い取りサービス（1箱100冊1000円といった破格の仕入れが可能になるケースも）などの費用を減らす努力の両輪が合わさってはじめて、利益を出すことが可能になってくるのです。

江戸時代、土佐藩《とさ》の財政立て直しを命じられた岩崎弥太郎（のちの三菱財閥創業者）は、収益を増やすために土佐名物のカツオ節や木材、樟脳《しょうのう》を海外に積極的に輸出し、費用を減らすために質素倹約を藩内に求めました。

10年ほど前も、ビール市場でいちばん売れていたキリンラガービールがアサヒのスーパードライに抜かれたとき、窮地《きゅうち》に追い込まれたキリンビールは、収益を増やすために発泡酒に参入し、費用を減らすために国内の4工場を相次いで閉鎖しました。

つまり、土佐藩であろうと、キリンビールであろうと、古本屋であろうと、利益を出すためにやっていることはみな同じ。

収益を増やして、費用を減らすという方法しかないのです。

《クイズ⑦のまとめ》
●会計の大原則は、収益－費用＝利益（損失）
●利益を出すためには、収益を増やして、費用を減らすしかない

会計においてベースとなる「数字をありのままに見る」という考え方。そして、そこから派生する「金額重視主義」と「損益計算」。

これらには、基本的な計算である足し算・引き算・掛け算しか使われません。しかし、もう一歩突っ込んで会計の数字を分析していくためには、割り算が必要になってきます。

特に会計数字の集合体である決算書の世界は、足し算・引き算・掛け算とともに、割り算が重要な役目を果たします。

第1部最後の第4章では、「決算書」の見方についてお話ししましょう。

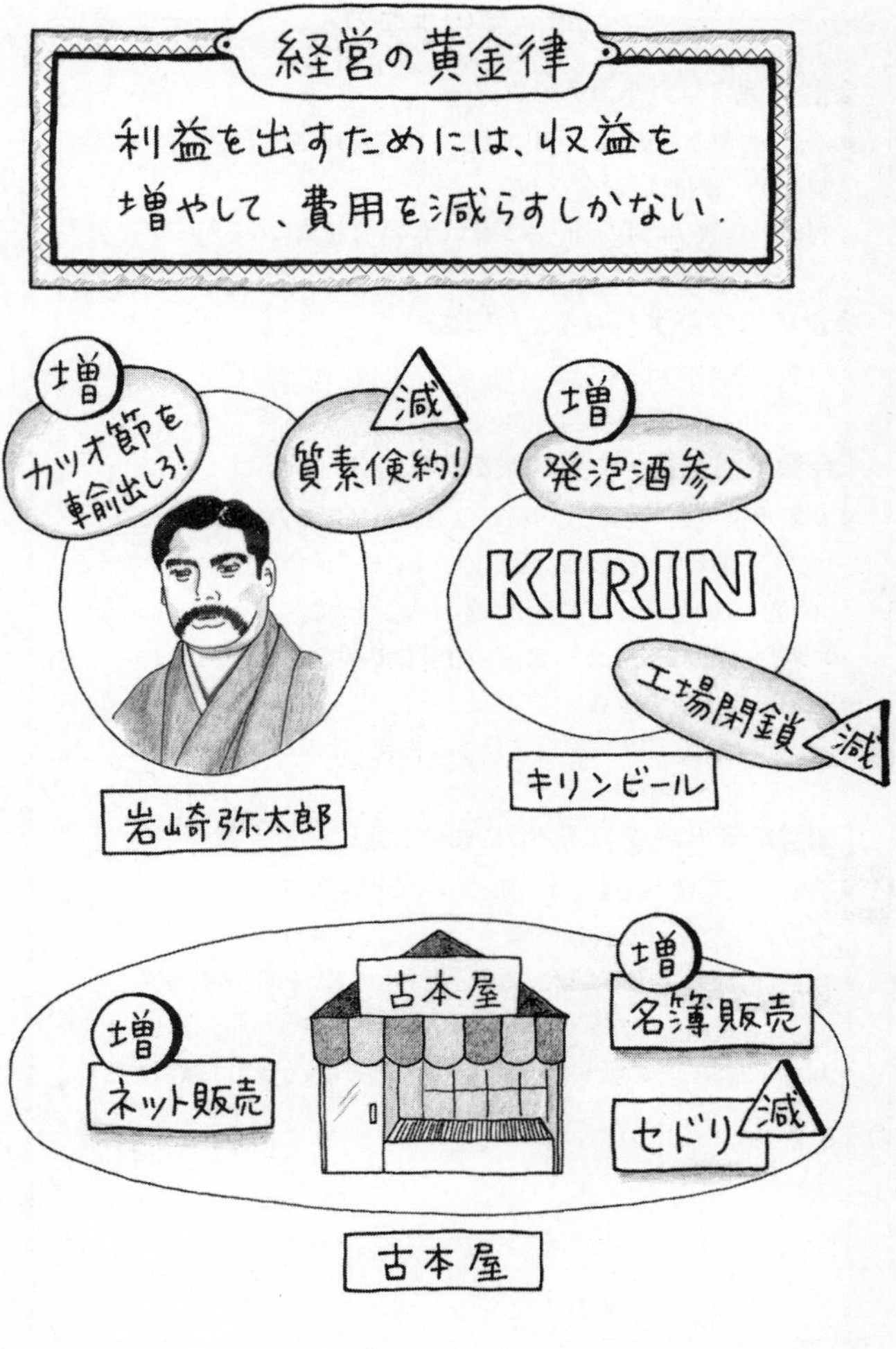
経営の黄金律
利益を出すためには、収益を増やして、費用を減らすしかない.
増
カツオ節を輸出しろ!
減
質素倹約!
岩崎弥太郎
増
発泡酒参入
KIRIN
工場閉鎖
減
キリンビール
古本屋
増
ネット販売
増
名簿販売
セドリ
減
古本屋

## 《第3章のまとめ》

### 会計の数字はガチガチのツアー

- ふつうの数字と違って、会計の数字には制約がある

制約① 単位は「お金」のみ

制約② 数字に手を加えることはできない（粉飾になるから）

### 会計の数字がうまくなるためには?

→数字をありのままに見る

### 「金額重視主義」で、数字をありのままに見る

- 金額重視主義=金額という絶対的な価値尺度のみで判断すること

コツ① 節約や会社の成長は、パーセンテージではなく金額で考える

コツ② 101万円と100万円は違う。大きな金額にアバウトにならない

コツ③ 疑問があったら、実際に計算してみて金額を出す

- 金額重視主義の極意

→感情（感覚、印象、善悪）ではなく、勘定（数字）で判断する

### 「損益計算」で、数字をありのままに見る

- 会計の大原則「損益計算」はシンプルな引き算

→収益−費用=利益（損失）

- 損益計算の式を使うことで、感覚と現実とのズレを明らかにする

→「なぜ潰れないのか?」のカラクリがわかる

- 利益を出すための唯一の方法=収益を増やして、費用を減らす

第4章

# 決算書の見方はトランプと同じ

## 決算書の数字がうまくなる

## 目をつぶって適当に株を買ってみた

私には、前からどうしてもやってみたかった実験がありました。

それは株式投資の実験で、

**「企業研究をしてから銘柄《めいがら》を選ぶ方法」と「適当に銘柄を選ぶ方法」のどちらが儲かるのか？**

というものです。株式投資の世界では、努力した分、ちゃんと報われるのかどうかを知りたかったのです。

しかし、この実験にはある程度まとまった資金が必要なので、ずっとできないままでいました。

ところが、『さおだけ屋はなぜ潰れないのか？』が売れたおかげで、やっと実験を行うことができるようになったのです。

さっそく、私は妻には内緒で実験を開始しました。

まず私は、「企業研究用」と「適当用」にそれぞれ１００万円ずつ用意しました。

「企業研究用」については、企業の業績やチャートをじっくりと分析してから、「いまがちょうど底値だ！」と思ったタイミングで4銘柄を購入しました。

一方、「適当用」については、証券会社のホームページに4桁の証券コード※を適当に入力して検索し、出てきた株をなにも見ずに購入しました。

**業績もチャートもいっさい見ません。なんと会社名すら見ません。**ただ、100万円の予算をオーバーしないために、最後の購入決定画面で金額だけは見ます。

最初に検索して出てきた銘柄は「株価80万円」でした。

まったくわけがわからないモノに80万円を払う――これは体験した人にしかわからないと思いますが、ものすごい恐怖です。

恐怖以外のなにものでもありません。

でも、投資には恐怖はつきもの。これを乗り越えなければ真の投資家にはなれないと思い、購入決定ボタンを震《ふる》える指でクリックしようと――

やっぱり怖くてクリックできませんでした。

とりあえず、恐怖をやわらげるため、「1銘柄30万円以下で」というマイルールを設けて、4銘柄を購入しました。

さて、実験の結果はどうなったでしょうか?

※証券コードとは、株式銘柄につけられている4桁の番号です。2000番台が食品、3000番台が繊維・紙というように、業種別につけられています。最近では、新規上場企業が急激に増えているので、業種に関係なく割りふられるようになっています。

## 適当に選んだほうが儲かる!?

半年間ほど様子を見ました。

手数料など細かい金額もあるのでざっくりとした数字にしていますが、結果はつぎのとおりです。

| | (投資額) | (半年後) |
|---|---|---|
| 「企業研究をしてから銘柄を選ぶ方法」 | 100万円 | 70万円 |
| 「適当に銘柄を選ぶ方法」 | 100万円 | 110万円 |

なんと、数字だけを見れば、「適当に銘柄を選ぶ方法」のほうが儲かるという結果になったのです。

実験から導き出された結論、それは――

**「銘柄選びは適当でかまわない」**

さあ、これはたいへんです。

もしこれが本当なら、株式投資のプロも攻略本も投資教育もすべて無意味になってしまいます！

## 実験は欠点だらけ

安心してください。もちろん、そんなことはありません。なぜなら、この実験はそもそもまともな実験として成立していなかったからです。

つまり、そこから得られた結果も正しくはない、ということです。

この実験には多くの欠陥がありました。

まず、特定の銘柄の影響が大きいということ。

どういうことかというと、企業研究したほうでは、ある銘柄が暴落し、半値以下になってしまったため、最終的に30万円もの損になりました。

かたや適当に選んだほうは、株価が1・5倍になった銘柄が含まれていたので、最終的に10万円のプラスになりました。

つまり、企業研究したほうが全部ダメだったわけではなく、適当なほうが全部よかったというわけでもないので、単純に「適当に銘柄を選ぶほうがいい」とは言い切れないのです。

また、企業研究を完璧に行うのはむずかしい、という問題もあります。

私が「上がる」と判断して買った銘柄で、結果としては値下がりしてしまった銘柄を実験後に再度分析してみたところ、たしかに値下がりする要素を含んでいました。

つまり、事前の企業研究で、私はそれを見逃していたのです。

これは、私の能力不足という側面もありますが、人間の能力には限界があるということの証《あか》しでもあります。

その他、そのときの日経平均株価に結果が大きく左右されるという欠点もあります。

つまり、個々の銘柄は株式市場全体の動きにかなり連動するので、どんな銘柄でも、日経平均株価が高い時期に買えば高づかみのため損をして、日経平均株価が低い時期に買えば回復して得をする可能性が高いのです。

結局、この実験自体が荒っぽかったという話なのですが、誰がどれだけ精密に実験をしても、「個別銘柄の差」や「企業研究の度合い」「株を買った時期の差」などの要因で結果が大きく変わってしまうはずです。

私の野望はこうして、「よくわからなかった!」という結果に終わったのです。

## 株とギャンブルは似ている

しかし、この実験でひとつ発見したことがありました。

**それは、株式投資はやっぱりギャンブルに似ているということです。**

もちろん、動機や目的といったものは異なります。株式投資は資産をうまく運用したい、好きな会社を応援したいといった動機でしょうし、ギャンブルは単純に儲かりたい、ストレスを発散したいといった動機でしょう(生活のためという人もいるでしょうけれど)。

しかしながら、株式投資には買った時期、売った時期で差がつくなど、最後は運任せの要素がけっこうあります。

〝必勝投資法〟などの特集を組む雑誌もありますが、その通りに投資しても儲かるわけではありません。

**つまり、「不確定要素でお金が変動する」「完全に法則化はできない」という意味においては、株式投資とギャンブルは同じなのです。**

動機の純・不純にかかわらず、株式投資とギャンブルのシステムは似ているという事実は、まず現実としておさえておく必要があります。

## 株は「全員が負ける」こともある

しかし、株式投資とギャンブルには決定的に異なる点があります。

それは、ギャンブルが「誰かが勝てば、誰かが負ける」というトレード・オフの関係になっているのに対し、株式投資では、「全員が勝つ、もしくは全員が負ける」こともあるという点です。

競馬などのギャンブルは、参加者から集めた賭け金を再分配する仕組みなので、当然「誰かが勝てば、誰かが負ける」ことになります。

競馬や競艇ならばレースごと、パチンコやスロットでも1カ月の単位で見れば、「誰かが勝てば、誰かが負ける」ことになり、全体から見れば（運営側から見れば）「プラスマイナスゼロ」になるのです（運営側の取り分を差し引くと、つねに「マイナス」になります）。

一方の株式投資は、買った株式を参加者同士で永遠に売買しつづける仕組みです。試しにどこかの期間で区切ってみても、「プラスマイナスゼロ」にはなりません。

みんなが景気は上向くと思えば株式市場にお金が集まりますし、景気が下向くと思えば株式市場からお金が逃げていくので、**全員が儲かるときもあれば全員が損するときもあるのです。**

もし、株式市場に終わりがあるならば、その終値を基準に計算すれば、参加者全体として得したのか損したのかがわかるでしょう。

しかし、企業には「継続企業の前提※」があり、その株式を売買する株式市場にも当然、未来永劫《えいごう》ずっとつづいていくという前提があるので、株式投資の結果が全体として得だったのか損だったのかは誰にもわからないのです。

つまり、ある期間での差し引きゼロを前提としているギャンブルと、永遠を前提と

ギャンブルと株式投資（勝ち負けのしくみ）

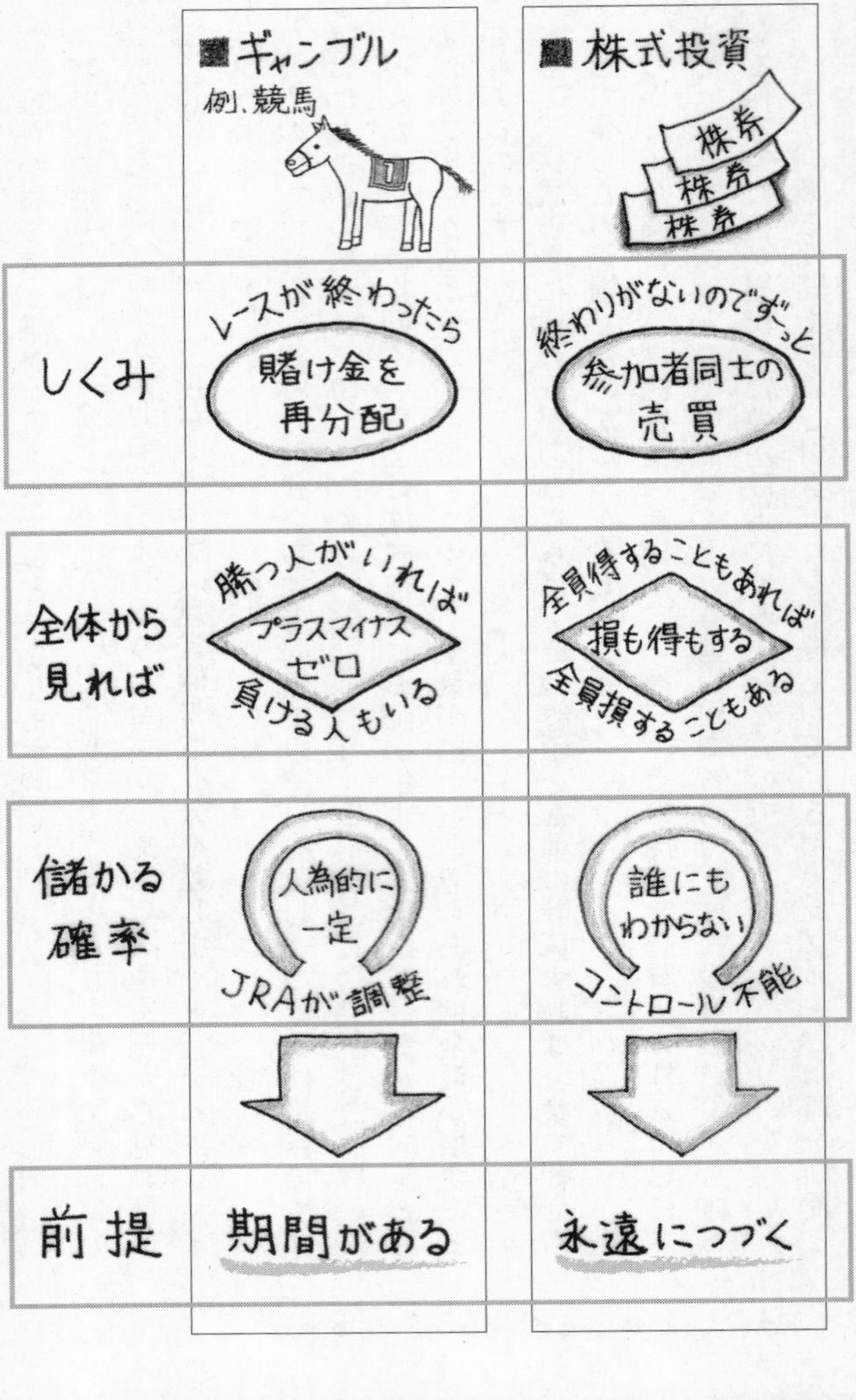

している株式投資とでは、その勝ち負けの仕組みは決定的に異なるのです。

※継続企業の前提とは、会社は永遠につづくものであるという会計上の前提。「ゴーイング・コンサーン」ともいわれます。将来潰れそうな要素がある会社は、「継続企業の前提に重要な疑義《ぎぎ》が存在する」として、その内容を決算書に書かされます。

## 株の法則がデタラメな理由

株式投資とギャンブルの類似点・相違点について見てきましたが、多くの人の感覚としては、やはり「株はギャンブル」でしょう。

株価が上がるか下がるかは、いろいろな要素が複雑にからみ合うので、非常に不確定です。必勝法はなく、儲けたり損したりします。ギャンブルだといわれても仕方ないでしょう。

そもそも、株価は経営の良《よ》し悪《あ》しに直接に連動するのではなく、参加者の期待度や思惑《おもわく》で上下します。

たとえば、2005年に「アニメコンテンツが将来有望だ」とアナリストたちが叫んだため、業績の良し悪しにかかわらず、多くのアニメ関連株、通称「萌《も》え株」が値上がりしました。しかし、翌年にはその銘柄の多くは暴落し、単なるブームであったという結果だけが残りました。

このように、ブームとか雰囲気といったものでも、株価は乱高下《らんこうげ》するのです。

**つまり、経営が上手でも、参加者の関心を集めなければ株価は下がりますし、経営が下手でも、参加者の関心が高ければ株価は上がります。**

経営や業績を見ても、上がるか下がるかは誰にもわからないのです。

そして、そういった不確定な世界であればあるほど、人は法則を求めたがります。凄腕《すごうで》のギャンブラーでも、「赤、赤、赤とつづいたら、つぎは黒だ」といったストーリー、つまり法則を、自分の頭のなかで作るそうです。もちろんその法則は、気休めみたいなもので当てにはなりません。

株式投資にも、「天井3日、底100日」「登り100日、下げ10日」「小回り3月、大回り3年」……といったさまざまな格言がありますが、そのとおりに事が運んでいたら誰もが儲かっていることでしょう。

また、格言や法則には、まったく逆なものも存在します。「人の行く裏に道あり花の山」という、人の逆をいくことを勧める有名な投資格言がありますが、逆に、「割安に買いなく、割高に売りなし」とふつうに買うことを勧める格言もあるのです。

「損切りは素早く」と主張するプロがいるかと思えば、「素人はねばらずにすぐに損切りするから儲からないんだ」と主張するプロもいます。

意見が真っ二つに割れるとき、一方だけに真実があることはまずありません。つまり、法則も格言もプロの意見も、すべてが確かではないのです。

## 株の勉強は無意味

ということは、株の勉強をしても無意味かもしれません。

「勉強をしたら勉強した分だけ報われる」と人は信じたいものですが、株式投資は受験勉強ではありません。もし、株式投資が受験勉強と同じなら、投資信託はすべて目標どおりの運用益を実現しているはずですし、ヘッジファンドのドリームチームと呼ばれたＬＴＣＭが破綻《はたん》するはずもありません。

「短期投資ではなく、企業の真の価値を見極める長期投資（バリュー投資）なら大丈夫だ」という考え方もあると思います。

これは理屈としてはよくわかります。しかし、現実的にはこれがなかなかうまくいきません。たとえば、1990年代の名著『ビジョナリー・カンパニー』で長期間にわたって繁栄する会社として評価されたフォード、ヒューレット・パッカード、ソニーなどは、その後、経営不振に陥っています※。

これは仕方のないことで、好業績はいつまでもつづきませんし、時代が変われば迷走することもあります。特に、経営環境の変化が激しい現代において、10年先、20年先のことが本当にわかるのでしょうか？

また、一生懸命に勉強すれば、〝ポートフォリオによる最適なリスク分散投資〟といったことができるようになるかもしれませんが、分散投資というのは損失も利益も分散します。大きな損失は防ぐことができますが、大きな利益も取り損なうので、分散投資が本当にいいのかどうかはわかりません。

そもそも分散投資は、分散できるだけの大きな資産を持っていなければ行うこともできません。

「株を勉強したら、経済のこともよくわかった」というメリットもあるでしょうが、それは勉強の副産物であって、本来の目的である儲けにはなんら寄与していません。

**現実を見れば見るほど、株の勉強と株の儲けは無関係のように思えてきます。**

※実は『ビジョナリー・カンパニー』には、「評価した会社は逆風にあうこともあるが、逆境

から立ち直る力を持っている」といったことが書かれています。しかし、売りたいときがその不振期にあたってしまったら、投資家としてははこまってしまいます。

## それでも株をやる理由

では、未来が不確かなものだから、ギャンブルに近いものだから、勉強しても無意味だから、株には手を出さないほうがいいのでしょうか？

私はそうは思いません。新しいビジネスにしろ研究にしろ、誰かが不確定なリスクを取って挑戦しなければ、社会は前に進みません。

そもそも、将来というものは基本的に不確定なものです。

タンス預金は確定度が高く、銀行預金だと不確定な部分がちょっとあり、株式投資では完全に不確定だというだけのことです。

タンス預金でも、火災や震災で消えてなくなる可能性がないわけではありません。

**つまり、お金をどう運用しても、未来の不確定度がゼロになることはないのです。**

## 「働くお金」と「働かないお金」

しかし、タンス預金と銀行預金と株式投資では決定的に異なる点があります。それは、お金を移したあとの動きです。

「お金をタンスにしまいこんだ」「お金を銀行に預けた」「お金で株式を買った」というこれらの行為は、お金を移したという点では三者とも同じですが、その後のお金の動きを見ると、**タンス預金では「お金が働かない」のに対し、銀行預金や株式投資では「お金が働く」という大きな違いがあります。**

「お金が働く」とは、いったいどういうことでしょうか？

実は、お金には「自己増殖機能」と呼ばれる性質があります。

簡単にいえば、お金は他人に貸すことで利子を生むという機能です。お金を移すだけでお金自身が増えていくので、まさに〝お金がお金を生む〟状態になるのです。

タンス預金では、お金は永遠にタンスにしまわれているだけなので「自己増殖機能」は発揮されず、1円も増えません。つまり、「お金が働かない」状態です。

しかし銀行に預ければ、「自己増殖機能」が発揮されて利子が発生し、お金がどんどん増えていきます。これは、「お金が働く」状態です。

「働くお金」と「働かないお金」

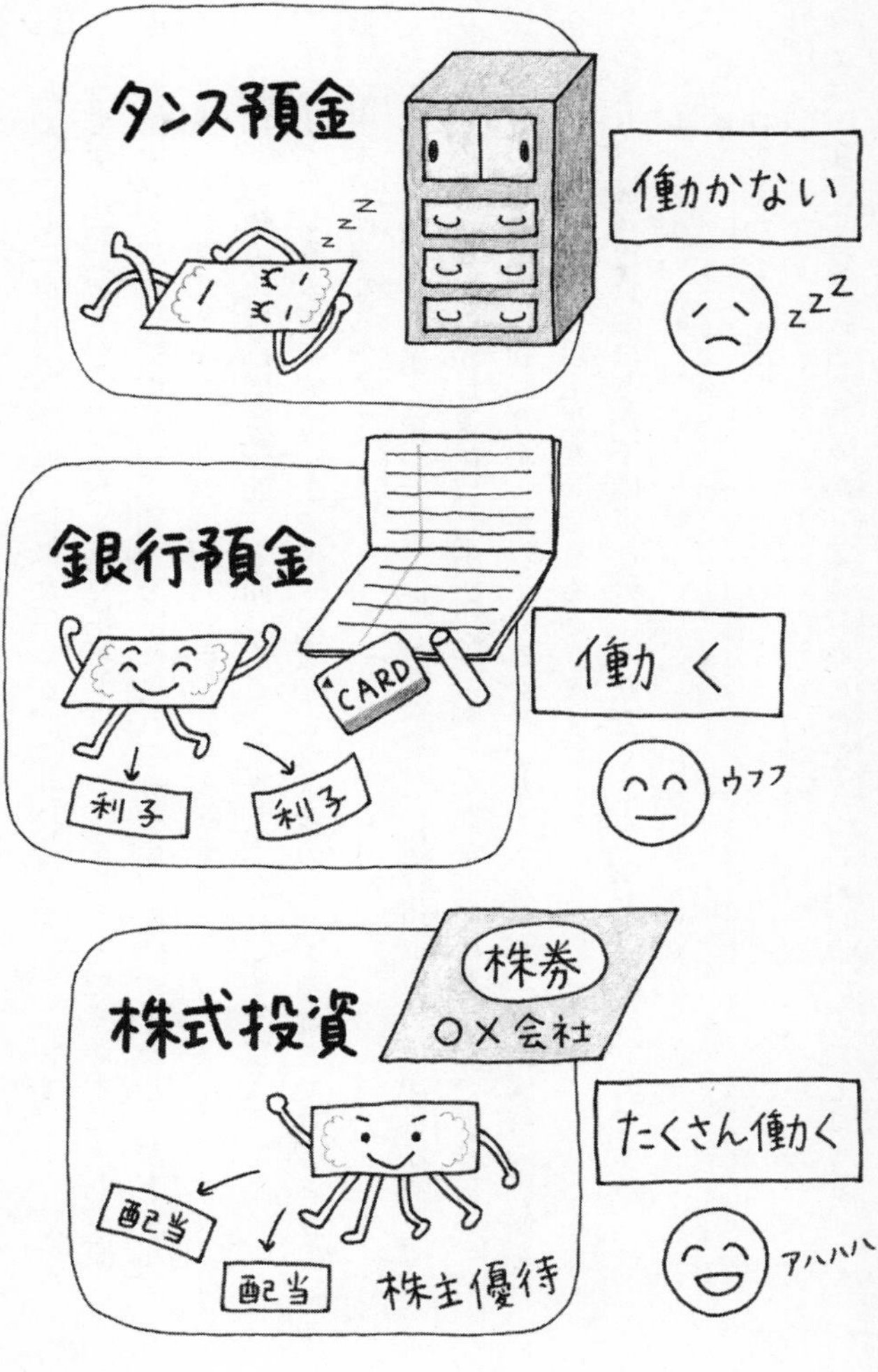

そして、この「自己増殖機能」に似た現象が、株式投資でも起こります。

そうです、「配当」のことです。株式投資では、お金を払うと株式が手に入り、原則、株主でいる限りは配当という利子を手に入れられます。株価が上がろうが下がろうが関係なく、株式を売らなければ配当が自動的に入ってきます。

**これは、お金の「自己増殖機能」と同じく、「お金が働く」状態なのです。**

このように、働き者の銀行預金や株式投資と、怠《なま》け者のタンス預金とでは、お金の動きが根本的に異なるのです。

そして、同じお金が働く銀行預金と株式投資でも、銀行預金の利子が普通預金で0・2％（2007年3月現在）、定期預金でもなかなか1％にならないのに対し、株式投資の場合、配当利回りが1％以上ある会社はたくさんあり、株主優待の価値を合わせれば、実質10％以上になる会社もあります。

**つまり、株式投資のほうが不確定な分、よりたくさん「お金が働く」のです。**

## 株で儲かる確率は？

では、実際に株式投資を行う際、素人はなにに気をつければいいのでしょうか。

そもそも株で儲かる確率は、単純に考えれば株価は上がるか、下がるかの2通りしかないので、2分の1だといえます（配当による収入は株価に織《お》り込み済みです）。

ということは、なにも考えずに株を買ってあとは運まかせでいいのでしょうか。もちろん、そんなことはありません。同じ株式取引でも「リスク」が極端に高い銘柄もあるのです。

**それが、「いずれ潰れそうな会社」です。**

潰れてしまいそうな会社は、間違いなく株価が下がります。

そして、こういう会社には投機筋《とうきすじ》※が入ったりして、人為的に株価が操作される危険性も高まります。

また、株は株式市場に上場している限りは永遠に売買がくり返されますが、業績が悪化し、株式市場から退出させられる（上場廃止になる）と、自由に売買ができなくなります。

さらに、本当に会社が潰れてしまうと、株の価値は紙くず同然になってしまいます。

このように、「いずれ潰れそうな会社」はリスクが非常に高いのです。

**ふつうに株式投資をするのならば、こういう危険な会社だけは避けなければなりません。**

それでは、「いずれ潰れそうな会社」に当たってしまう確率も2分の1なのかというと、もちろん、そんなことはありません。株価の上下は参加者の期待度や思惑の問題ですが、会社が潰れる・潰れないは株式市場の問題ではなく、経営の問題だからです。

そして、経営の問題については、決算書を見ればある程度わかります。

※投機筋とは、短期間の売買をくり返して利益を上げようとする人たちのことです。会社の業績や価値ではなく値動きのみに注目します。「機を見て投じる」すなわち、タイミングのみで儲けようとするのです。

## 決算書でなにがわかるのか?

会社の経営を見るのにいちばん適した資料は「決算書」です。

決算書とは、会社を表すさまざまな数字を会計の規則に基づいて並べた客観性の高い書類です。

**決算書を見るだけで、「いずれ潰れそうな会社」は見分けることができます。**

つまり、株の勉強は儲けに直結しないかもしれませんが、会計の勉強は身を守るためにしておいたほうがいいのです。

「わざわざ決算書を読まなくても、アナリストのレポートを読めばいいんじゃないの」という方もいるかと思いますが、最近は上場企業の数も多いので、すべての会社をアナリストが調べているわけではありません。

また、アナリストのレポートが必ず正しいわけでもありません。アニメ関連株の例を思い出してください。アナリストの意見は、あくまで参考程度にとどめるべきなのです。

**つまり、株式市場は原則自己責任の世界ですので、自分で決算書を読んで、「いずれ潰れそうな会社」を見分ける必要があるのです。**

「決算書」はその会社の過去から現在までの業績をまとめたものなので、将来株価がどうなるかはまったくわかりませんが、このままいくと潰れそうかどうかはわかります。

いまから決算書の見方の重要なポイントだけを教えますので、ぜひあなたも一度、決算書にチャレンジしてみてください。株式投資に限らず、自社や他社を分析する際のもっとも効果的なスキルになるはずです。

## 損益計算書

〔平成18年4月1日から
平成19年3月31日まで〕

単位：百万円

| 科目 | 金額 | |
|---|---|---|
| 売上高 | | 280,864 |
| 売上原価 | | 177,325 |
| **売上総利益** | | **103,539** |
| 販売費及び一般管理費 | | 45,918 |
| **営業利益** | | **57,620** |
| 営業外収益 | | |
| 受取利息及び配当金 | 71 | |
| 雑収入 | 11,521 | 11,593 |
| 営業外費用 | | |
| 支払利息 | 475 | |
| 雑損失 | 267 | 743 |
| **経常利益** | | **68,470** |
| 特別損失 | | |
| 固定資産除却損 | 10,190 | |
| 店舗閉店損失 | 124 | |
| その他 | 102 | 10,417 |
| **税引前当期純利益** | | **58,053** |
| **法人税、住民税及び事業税** | **27,346** | |
| **法人税等調整額** | **△ 3,267** | **24,078** |
| **当期純利益** | | **33,974** |

※単位未満四捨五入のため、合計とは合致しないものがあります。

## 決算書の見方はトランプと同じ

では、「いずれ潰れそうな会社」を見分けるための決算書の見方について、具体的にお話ししていきましょう。

会計士ということもあって、ビジネスパーソンの方から、「決算書が読めるようになりたい」という相談を、本当によく受けます。

また、ビジネス雑誌では、「誰でもわかる決算書の読み方」といった特集がしょっちゅう組まれています。

**ですが、われわれ会計士にとって、決算書はけっして読むものではありません。**

右ページのサンプル（損益計算書）をご覧いただければわかりますが、決算書には「売上高 280,864」「売上原価 177,325」「売上総利益 103,539」「販売費及び一般管理費 45,918」……といった数字がズラーッと並んでいます。

これらの数字を真面目にコツコツと読んでいくのは、会計士といえどもウンザリする作業です。そもそも、目が疲れてしまいますし、食後なら眠くなります。

決算書の数字を上から下に順番に読んでいくような会計士は、日本中どこを探してもいません。そんなことをしても時間のムダだからです。

決算書は「読む」のではなく「探す」

例ーババ抜き
バ バ(ジョーカー)があるな…
3とQは捨てられるな…
・最後までババがあると負け
・同じ数のカードは捨てられる
というルールに基づいて探している
☆決算書もババを探せばよい!!

では、どうしているのか？　**数字は「読む」のではなく「探す」**のです。

あらかじめチェックすべき数字を決めておいて、その数字を、決算書という数字の大海原《おおうなばら》のなかから探し出しているのです。

たとえば、トランプの「ババ抜き」を思い出してください。

手元にカードが配られたら、まずはたくさんあるカードのなかからババ（ジョーカー）があるかないかをチェックしますよね。左から右へと順番にクローバーの8、スペードの3、ハートの12……と読んでいく人はいないはずです。

つまり、「最後までババを持っていた人が負け」というルールを知っているので、まずはババを探すわけです。

決算書も同じです。

あらかじめルールを知っていれば、すべての数字を上から順に読んでいく必要などありません。**ババともいうべき数字だけをパッと探せばいいのです。**

結局、ルールをよく知らないから余計な数字まで見てしまって、わけがわからなくなってしまうのです。

決算書に対する苦手意識は、ルールさえ理解すればだいぶやわらぐはずです。

## 過去比較

決算書を読むうえでいちばん大切なことについてお話ししましょう。

このことをちゃんとおさえておけば、あなたが決算書のなかから探すべき数字も見えてくるはずです。

## 〈決算書を読むうえでいちばん大切なこと〉

### ●比較する

比較といってもいろいろな比較の方法がありますが、まずは、過去との比較である「過去比較」を行いましょう。

私が書いている『女子大生会計士の事件簿』という小説のなかで、新米会計士カッキーが、よく上司の萌実《もえみ》に「過去5年間のデータをエクセルに入力して！」と命令されていますが、これは、会計士なら誰もが最初に行う作業だからです。

それくらい、過去比較は重要です。

ですからあなたもまずは、去年に比べてすごく増えている（もしくは減っている）数字がないか、決算書のなかから探し出すのです。

変動幅が大きい科目には、きっとなにか注目すべき事柄が隠されています。

たとえば、広告宣伝費が去年と比べて桁《けた》違いに増えている場合、そこには必ずなにか原因があります。

誰かが過剰に使い込んでいるのかもしれないし、広告会社が替わったのかもしれません。モノが売れないために、広告にやたらと頼っている可能性も考えられます。

家計でいうと、家計簿をつけていて、年々電気代が増加していることがわかれば、エアコンの使いすぎなのか、新しい電化製品が意外と電気を食うのか、誰かが夜遅くまで起きているせいなのか、と原因を推測できます。

**このように、増減が激しい数字を見つけたら「どうしてなのか?」と考え、「こうかもしれない」と仮説を立て、目星をつけて調べてみるのです。**

146ページで述べましたが、集計し、決算書を作ることが会計の目的ではありません。その数字を比較・分析し、ビジネスに役立ててはじめて、意味が出てくるのです。

## 他社比較

さて、過去比較とともに、他社比較も大いに役立ちます。

同業他社や異業種の会社などと比べることで、問題の本質が明確に見えてくるのです。

もちろん、他社の決算書ですので、なかなか入手できないものも出てくると思いますが、いまはホームページで公表している企業も多くなってきたので、むかしよりは入手しやすくなりました。

ではここで、過去比較・他社比較の実践を行ってみましょう。

**《クイズ⑧》**

**A社、B社、C社という3つの会社があります。当年の売上高はそれぞれ10億円、7億円、4億円です。あなたは新規事業のリーダーです。業務提携するならば、A社、B社、C社のどの会社がいちばんいいでしょうか?**

(考える時間→30秒)

「売上がいちばんだからA社!」と即答するようでは、リーダーとして少し軽率かもしれません。

そもそも、情報が少なすぎます。もうひとつ、情報を追加しましょう。

〈前年、前々年の売上高〉
A社は、前年が5億円、前々年は1億円
B社は、前年が5億円、前々年は6億円

C社は、前年が7億円、前々年は11億円

さていかがでしょうか？

ちなみに、企業の過去の売上高は帝国データバンクや東京商工リサーチなどで入手できますので、比較的入手しやすい情報です。

## 売上の推移だけを見る

わかりやすいように、グラフにしてみましょう（188ページをご覧ください）。

A社は、1億、5億、10億と倍々ゲームで売上を増やしています。ものすごい急成長ぶりです。一時期のライブドアがこのような感じでした。

**「成長企業だな」というのがこのグラフを見た多くの人の感想でしょう。**

B社の売上は、6億、5億、7億とほぼ横ばいで推移しています（実際には変動がありますが、あくまでも例題なので「ほぼ横ばい」という見方をしてください）。

**売上にブレがないという意味で、「安定企業」といえるでしょう。**

C社はたいへんです。11億もあった売上が7億に減り、たったの2年で半分以下の

A・B・C社「売上高」推移

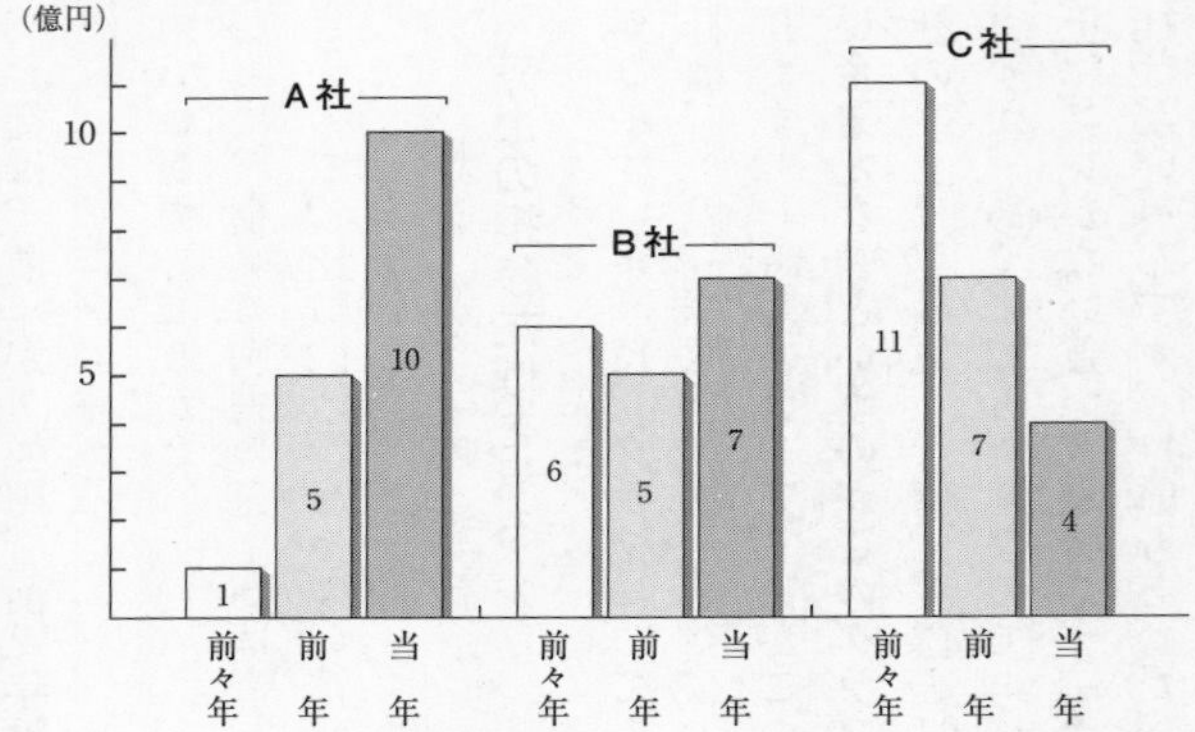


4億円になってしまっています。**誰が見ても、これは「衰退企業」でしょう。**

このように、売上高の推移を見るだけで、A社は成長、B社は安定、C社は衰退といった評価が可能になります。

業務提携するならば、ふつうはA社かB社でしょう。将来性を考えるならA社ですし、安定を求めるならB社です。C社と提携するといったら、袖《そで》の下でももらっているんじゃないかと噂されてしまいそうです。

## 利益の推移も見る

しかし、話はこれでは終わりません。

今回は売上高の推移をもとに考えたわけ

ですが、そもそも、この「売上高」は会社の規模を表す数字にすぎません。とても大事な数字なのですが、いかんせん規模しか教えてくれないのです。

その会社の実力を知るためには、別の数字が必要になってきます。

**その代表的なものが、「当期純利益」です。**

損益計算書ではいちばん最後に出てくる数字で、「最終利益」とも呼ばれます。

1年間の〝あらゆる収益〟から〝あらゆる費用〟を引いた金額であり、会計の大原則である「収益－費用＝利益」の「利益」です。

ということで、A社、B社、C社の当期純利益の推移も同時に見てみましょう。

## やっぱり割り算は「キング・オブ・分析」

では、190ページのグラフを順番に見ていきます。

毎年売上高を増やしている「成長企業」のA社は、当期純利益も1000万円、1500万円、2000万円と増やしているので、まったく問題ないように思えます。

しかし、さらに数字を分析していくと、そう単純な話ではないことがわかってきます。

A・B・C社「当期純利益」推移

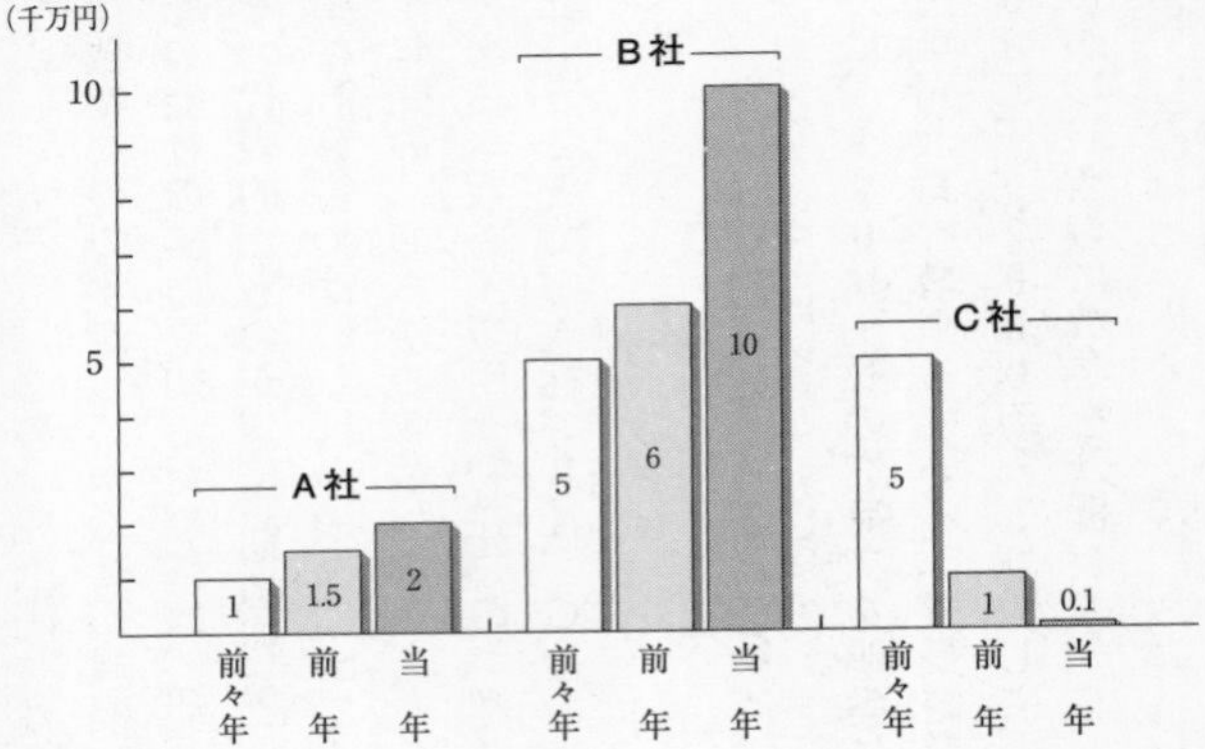


もちろん、規模を示す売上高や実力を示す当期純利益が毎年増えることはいいことなのですが、**分析をする際に肝心なのはその比率、割合です。**

第2章で、割り算は「キング・オブ・分析」だという話をしましたが、ここではまさに、その割り算が必要になってきます。

ここで注目すべきは、利益額ではなく利益率です。野球選手でいうなら、安打数ではなく、打率が重要なのです。ここでは、当期純利益を売上高で割って出す「売上高利益率」を計算してみましょう。

**この数字は企業の〝稼ぐ力〟を示すものであり、まさに会社の打率といえます。**

〈A社の売上高利益率〉
前々年　↓　１０００万円／１億円＝10％
前年　↓　１５００万円／５億円＝３％
当年　↓　２０００万円／10億円＝２％

そうです。利益率で見ると、実は10％、３％、２％と毎年減っているのです。

ということは、どういった見方が可能になってくるでしょうか？

簡単にいえば、事業は拡大しているけれど、逆に仕事の効率が悪くなっている会社、という見方ができるのです。

急激に会社を大きくしたので、中途採用などでコストの高い人材をたくさん採り、人件費が高くなったのか？　もしくは、M＆Aで急拡大したはいいが、すぐには利益の出ない会社を買ってしまったのか？　それとも、利益に余裕があるうちに新規事業に積極投資をしたのだが、なかなか芽が出ていないのか？　など、A社に関するたった６つの数字（３年間の売上高と利益）を見るだけで、いろいろな推測ができます。

## 安定企業・衰退企業の真相は？

「安定企業」のB社と「衰退企業」のC社はどうでしょうか。
それぞれ、売上高利益率を出してみましょう。

〈B社の売上高利益率〉
前々年　↓　5000万円／6億円≒8・3％
前年　↓　6000万円／5億円＝12％
当年　↓　1億円　／7億円≒14・3％

〈C社の売上高利益率〉
前々年　↓　5000万円／11億≒4・5％
前年　↓　1000万円／7億円≒1・4％
当年　↓　100万円　／4億円＝0・25％

さあ、これらの数字からなにが読み取れますか？

B社の利益率は8・3%、12%、14・3%と毎年増えています。**ということは、仕事の効率が著《いちじる》しく向上している会社と見なすことができます。**

こういう会社は、ちょっと売上が下がったくらいでは赤字にならない筋肉質な体制ができあがっているものです。稼ぐ力をたくさん持った「超安定企業」です。

ぜひ、おつきあいしたい会社だといえます。

一方のC社は4・5%、1・4%、0・25%と、売上高や当期純利益だけではなく、利益率も毎年減少をつづけています。**かろうじて黒字ですが、来年はどうなるかわかりません。**衰退どころか、もしかしたら倒産の危険性もあるのではないか？　と邪推《じゃすい》してしまいます。袖の下をもらっても、おつきあいは避けたい会社のようです。

## 倒産危機、さらに隠された秘密が……

C社の数字からは、もうひとつ読み取っていただきたいことがあります。

倒産の危険性もあるC社ですが、実はただの倒産危機ではなく、ある重大な特徴を持った倒産危機なのです。

いったいそれは、どんな危機なのでしょうか？　ちょっと考えてみてください。難易度が高い問題です。プロでも、見逃すことがあるかもしれません。

（考える時間↓3分）

答えをいいましょう。C社の当年の売上高利益率を見てください。

**——0・25％**

経営者の方ならどなたでもピンとくると思いますが、売上の0・25％というのは、はっきりいって会計操作でどうにでもなる金額です。

たとえば、3月決算の会社で利益が足りないとき、本当は4月1日に発生する売上を1日ずらして3月31日にしてしまおうとか、本当は3月の経費を4月にしてしまおうということは、少額ならやろうと思えば簡単にできてしまいます。

決算期をずらすことによって、0・25％ぐらいのお金ならすぐに動かせるのです。

**A・B・C社「売上高利益率」推移**

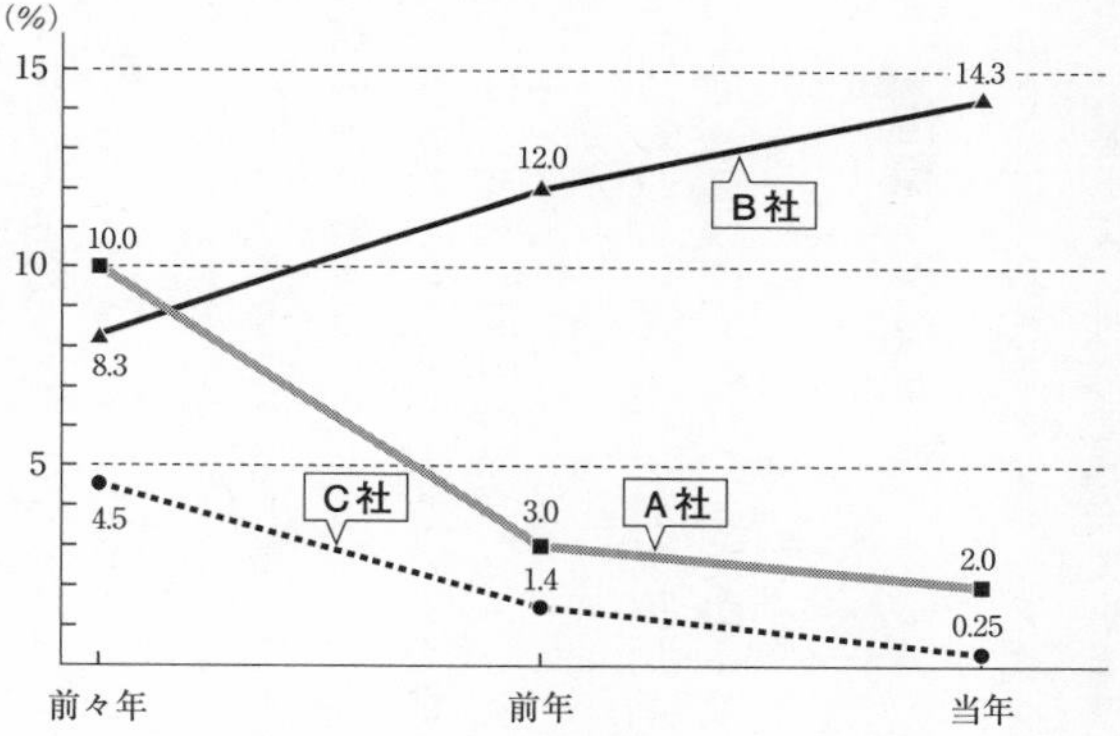


　そして、売上高４億円のＣ社にとって、０・25％にあたる１００万円という数字は少額です。

　**ということで、利益が黒字ギリギリの１００万円というＣ社には、粉飾決算の疑いも出てくるのです！**

　売上高利益率が１％を切った会社は要注意です。

　銀行から融資を引きあげさせないために、または上場するために、もしくは株価を維持するために、無理やり黒字にした可能性があるのです。

　これは中小企業に限った話ではありません。大企業でも同じです。

　２００７年初頭、日興コーディアル証券（当時）の不正会計が騒ぎになりましたが、このときの数字は190億円の売上水増しでした（2006年・純営業収益）。

190億円と聞くとすごい金額に思えますが、日興コーディアル証券は売上高4900億円の大企業です。100億ぐらいの金額なら実際どうにでも動かせたのです。

カネボウの粉飾決算事件でも、2003年に80億円もの売上の水増しがありましたが、その年のカネボウの売上高は5300億円です。

多額の粉飾のように見えますが、会社から見れば1・5％にすぎません（とにかく赤字を隠すために、カネボウはその他さまざまな粉飾手法を駆使《くし》して、2002年の決算では、260億円の赤字を7000万円の黒字というギリギリ利益が出る数字に変えました）。

というわけで、ちょっと難易度は高くなりましたが、C社の数字からは粉飾決算の匂いまで嗅《か》ぎ分けていただきたかったのです。

## 「指標」を探す

このように、われわれ会計のプロは、決算書のなかから必要な数字を探し出し、並べて、比較して、検討を重ねています。

今回は、会社の稼ぐ力を知るために、売上高と当期純利益から売上高利益率を導き出しました。

**この稼ぐ力が、会社が存続するうえでいちばん大切です。**

稼ぐ力さえあれば、多少業績が悪い時期があっても、すぐに潰れるようなことはありません。安心して株を買うことができます（もちろん、株価が上がるかどうかは別問題ですが）。

会社を知るための簡単な「指標」は他にもあります。

問題が起きても対処できる力があるかどうかを知るためには、「当座比率」や「有利子《ゆうりし》負債比率」を。健全にお金が循環しているかどうかを知るためには、「売上債権回転日数」や「在庫回転日数」を。株を買うかどうか判断する際には、「ＰＥＲ（株価収益率）」や「ＰＢＲ（株価純資産倍率）」を見ればいいのです。

**つまり、これらの指標が、決算書を見るうえでの「ババ」ということになります。**

詳しくは、巻末の「ミニミニ会計セミナー」で解説しますので、興味のある方はご覧ください。

## だから大阪はあかんねん

最後にひとつ、気をつけていただきたいことがあります。

「いずれ潰れそうな会社」を見分けたり、その会社の強み・弱みを決算書から探り出したりする場合、どの会社と比較するのか、比較する相手の選び方にも十分気をつけてください。

たとえば、インターネット小売業の場合、同業だけではなく、リアル店舗を持つ小売業やカタログ通販の小売業とも比較したほうがいい場合があります。また、活動の場から考えるとインターネットメディアの会社、従業員の性質から考えるとシステム開発会社と比較したほうが、強み・弱みがはっきり見えてくることもあるでしょう。

私は関西出身なので、大阪のマスコミから取材を受けることがよくあります。

そこでは、必ずといっていいほど、「大阪と東京ではビジネスはどう違いますか？」「関西と関東の経営者の違いは？」という質問を受けます。

**私は、そうした質問を受けるたびに、「そういう発想だから、大阪がいまひとつ発展できないのだ」と思うのです。**

私は人生の大半を関西で過ごし、大学も大阪でした。いまは東京に住んではいますが、どうせなら地元に税金を納めたいので、私の会社の登記簿上の住所は関西です。それくらい、関西には愛着があります。

ですので、あえて申し上げるのですが、大阪のライバルは東京、関西のライバルは関東ではもうないと思うのです。

風習や芸能といった文化については「大阪vs.東京」でいいと思うのですが、経済においても同様の視点だと、大阪の強み・弱みの本質をかえって見失ってしまいます。

東京と単純に比較すると、経済圏も人口もビジネスインフラも圧倒的に小さく見えてしまい、大阪のよいところが見えてこないからです。

大阪は歴史も古く、以前は日本一の商業都市だったので、東京と比較しないとプライドが許さないのはよくわかります。

**しかし、比較は相手のためではなく、自分のために行うのです。自分にとって得るところの少ない比較は、するだけムダというものです。**

東京と比較するよりは、経済が好調な名古屋、アジアの玄関口である福岡と比べたほうが、大阪ならではの特徴が見えてきます。

また、全国規模の企業が多い浜松・岡山・高松、人口が増加している那覇（202

0年をピークに減少見込み）などの地方都市と比べれば、これまでとはまったく異なる〝大阪〟も見えてくるでしょう。

**比較する相手によって、視野は広くなったり狭くなったりします。**

比較すること自体は簡単ですが、その相手選びについては、先入観のない状態で考えるのが問題の本質をとらえるコツなのです。

**《クイズ⑧のまとめ》**

- **決算書は、「読む」のではなく「探す」**
- **知るべき「指標」を決め、決算書から数字を探していく**
- **「比較（過去比較、他社比較）」することで問題を浮き彫りにする**
- **割り算で「比率」を出す**

## 《第4章のまとめ》

### ギャンブルと株式投資の違い

- ギャンブル―賭け金を再分配

→全体的にはプラスマイナスゼロ

→儲かる確率は人為的に一定

- 株式投資―参加者同士の売買

→全体的には得することも損することも

→儲かる確率はコントロール不能

### 株は勉強しても儲からない

理由①　企業研究にも限界がある

理由②　株価は、経営の良し悪しとは関係ない

→ブームや雰囲気、買った時期などで乱高下する

### 素人が株式投資の際に注意すべきこと

- 株価は株式市場の問題、潰れるか潰れないかは経営の問題

→リスクの高い「いずれ潰れそうな会社」を決算書から見分ける

### 決算書の数字がうまくなるためには?

- 「読む」のではなく「探す」

→ババともいうべき数字を決算書のなかからパッと探し出す

- いちばん大切なのは「比較する」こと

・過去比較―去年に比べてすごく増えている（減っている）数字を探す

・他社比較―同業他社や異業種の会社と数字を比較する

- 比較する相手によって、視野は広くなったり狭くなったりする

## 「あとがき」というか「なかがき」というか解説

### 今度こそ「1時間で読めて効果は一生」

第1部「食い逃げされてもバイトは雇うな」の目標は、「薄くて本当に役立つビジネス書」です。

いかにコンパクトで使える本にするか、それこそ、「1時間で読めて効果も高い本」にしたかったのです。

前作『さおだけ屋はなぜ潰れないのか?』では、「1時間で読めて効果は一生」というキャッチコピーが帯に使われましたが、読者の方から「とても1時間じゃ読めませんでした」というツッコミをたくさんいただきました。

たしかに私も1時間では読めません。

そこで今回は、本当に1時間で読める本にするつもりで書きました。

実際、うちのスタッフに読んでもらったら、67〜78分の間だったので、まあ早い人なら1時間で読めるのではないでしょうか。

## なぜ数字の話からはじめたのか?

第1部は、イントロダクションと第1章については書き下ろし、第2章から第4章については私の講演をもとに加筆・修正したものです。

まず第1部全体の意図からお話しすると、「会計が苦手だという方がたくさんいて、そのなかにはそもそも数字が苦手だから会計も苦手だ、という方も多い。まずはそこから解消したい、数字がうまくならなければ会計がうまくなるわけがない」というのが出発点です。

そこで話の順番も、まず数字の話をして会計の話をするという構成にしました。

前作ではこの順番が逆でした。

前作は、会計の話をしたあとに最終章として数字の話を付録的に入れたのですが、この最終章の反響は実は他のどの章よりも大きいものがありました。

そこで今回は、反響の大きかった数字の基礎をまず身につけていただいて、そこから、ふつうの数字と会計の数字はどこが一緒でどこが違うのかを知っていただこうと思ったのです。

これが、第1部のねらいです。

## イントロダクション「『Web2・0』『ゲド戦記』がすごい本当の理由」

イントロダクションは、数字の実際の働きや役割を法則化した章でした。170ページにも書きましたが、「不確定な世界であればあるほど、人は法則を求めたがる」ものなので、それを数字でやってみたというのがこの章です。

ですから、これがけっして正しいわけではなく、あくまでも私なりの解釈だということをご理解ください。

**ただ、順序性、単位、価値の表現、変化しないという点は、会計の世界でもビジネスの世界でも応用され、使われているので、まず基本としておさえていただきたい話でした。**

数字の使い方を法則化しようという試みについて驚いた方もいたかもしれませんが、数字を扱うことを仕事にしている実務家は、みんななにかしら数字に対する考えを持っていると思います。

今回は、会計士である私がふだんから数字についてアレコレ考えていることを、私なりの法則としてまとめてみたわけですが、「はじめに」で「99％は意識」と述べたように、つねに数字を意識していれば、あなたなりの数字の法則も作ることができると思います。

意識して自分で考えていくだけで、数字はうまくなります。意識、まずは意識しないとはじまりません。

## 第1章「今日は渋谷で6時53分」

第1章は、「決めつけ」「常識破り」「ざっくり」というやり方で、数字に他の意味を持たせるという話でした。

本当にテクニックだけの話であり、テクニックであるがゆえに、おそらく多くの人がマネしやすい章だと思います。

「決めつけ」は説得力を持たせることができ、「常識破り」はインパクトを持たせることができ、そして「ざっくり」はわかりやすい——数字には本当にいろいろな機能があるので、これらはすぐにでも使っていただきたい技法です。

**世の中には数字があふれているので、数字を意識してさえいれば誰でも上手に使えるようになりますよ、というのがこの第1章でいいたいことでした。**

## 第2章「タウリン1000ミリグラムは1グラム」

第2章は、ビジネスの数字がうまくなるには？　という話でした。

第1章では「数字に他の意味を持たせる」という話をしましたが、第2章については、どういう表現にするのが効果的なのか、という表現面の問題を取り上げました。

**数字という役者をどう演技させるのか？　喜びを表現させるのか、悲しみを表現させるのか、という演出家のような能力を求めていたのが第2章です。**

言い換えや割り算、単位変換を使った例を挙げましたが、結局、大事なのは視点を変えるということです。

『さおだけ屋はなぜ潰れないのか？』の最後にお話しした「数字のセンス」という得《え》体《たい》の知れないものの正体も、「50人に1人無料」のカラクリに気づくためのポイントも、視点を変えられるかどうかという〝演出力〟にかかっています。

ある数字について、この場面ではどういう表現にすればいちばんいいたいことが届くのか——まさにこれは演出家の仕事です。

第2章は、あなたに数字の演出家になっていただきたい、という章です。

ですから、嘘をつくとか、ダマすという方向には行ってほしくないのですが、そうなる可能性もあるという意味では、第2章というのは実は危険な章なのかもしれません。

くれぐれも良識の範囲内での応用を心がけてください。

## 第3章「食い逃げされてもバイトは雇うな」

第3章は会計の数字の話でした。

第1章、第2章というのは、数字をどのようにこねくりまわすか、つまり、その数字を見る人にどういう印象を与えるのかがテーマでした。

一方、第3章は、会計の数字自体は〝金額〟という単位で固定されているので、その金額をどう理解すればいいのか、どうすれば客観的に正確に把握できるのかがテーマになります。

第1章、第2章でお話ししてきたように、数字はいろいろな印象を持たせることができるので、一見惑わされます。惑わされることを防ぐには、数字から感情を排除するしかありません。その感情を排除する方法が、金額重視主義や損益計算です。**ですから第3章は、いかに数字から感情を排除して見ることができるか、というのが目的だったのです。**

クイズ⑥で、食い逃げが多いラーメン屋の店主がバイトを雇うよりも食い逃げを放置したのは、食い逃げされて悔しいという感情を泣く泣く排除して金額重視主義を貫いた結果です。

会計的思考とは、感情ではなく勘定で判断するのです。

**第1部のタイトル「食い逃げされてもバイトは雇うな」とは、感情を徹底的に排除する会計的思考の真髄をひと言で表現したものだったのです。**

## 第4章「決算書の見方はトランプと同じ」

第4章は、第3章でお話しした会計の数字の集合体である「決算書」をどう扱うのかという話でした。

決算書というのは、企業分析のときだけでなく、株を買うときにも使えるので、導入として株式投資の話をさせていただきました。

**結局、決算書の見方というのは、集合体をどう理解するかというのと同じテーマになります。**

単体のモノを分析するのはそれほどむずかしいことではないのですが、いろいろなモノが複雑に融合《ゆうごう》された集合体をどう評価するのか、どう判断するのかというのは、ちょっとコツが必要になります。

野球でもサッカーでも、一般の人がパッと見てこのチーム（集合体）が強い弱いという判断はなかなかできないのではないでしょうか。なにかしらのコツをつかんでいる人でないと、そのチームが強いか弱いかは見えてこないと思うのです。

決算書の場合はなにがコツなのかというと、ポイントを絞って比較するということです。

比較というのはけっこう万能な武器で、おそらくチームの強さ弱さというのも比較してずーっと見ていれば、変化したところ、変化しないところを把握することでだんだんわかってくるのでは？　と私は勝手に想像しています。

変化を見ていくことで、会社だけではなく、いろいろなモノの本質も見えてきます。そして、おそらく人というのも、変化を見ていけばある程度わかるのではないかと思っています。だいたい人は人と出会うことで変化しますし、なにかの事件に遭遇することでも変化します。

私の場合、予備校の先生やバイト先の塾経営者との出会い、阪神・淡路大震災に遭ったことなどが私自身の変化をうながし、その変化が現在の私の本質となっています。

ニート状態から会計士になるという変化もいまの私を作っています。

変化というのはたいていとても重要なポイントになっています。その変化を見つけることこそが、決算書分析でも人間観察でも、その本質をつかむうえで大事になってくるのです。

**第4章の話は、この「変化を見る」という一点に尽きるかもしれません。**

## 「使うべき数字」は一生使える道具になる

第1部全体を通していえることは、すべて〝道具〟の提示だったということです。

それこそ、アイデアを出すためのコツみたいなものに近いのかもしれませんが、こういう道具を使えば数字をこねくりまわせますよ、会計的思考ができますよ、決算書も見られますよという道具をいろいろと紹介した巻でした。

**そして、29ページに書いた「使うべき数字」というのは、これらの道具を使うことで生まれる数字のことを指します。**

「ざっくり」「単位変換」「金額重視主義」「比較」といった道具たちによって見えてくる数字が「使うべき数字」です。

ふつうの視点とは異なる、新たな価値を生んだ数字だからこそ、私たちもどんどん積極的に使っていくべきなのです。

今回提示した道具は、別に私が発明したものではなく、長い間、数字がうまい人たちが使ってきたものです。歴史的にも鍛《きた》えられてきた道具です。

ですから、あなたの「一生使える道具」になるはずです。

あとは、あなた自身が磨き、鍛えていってください。

さて、道具の使い方がわかって使いこなせるようになると、また新たな問題も起きてきます。それは、道具を過信し、使い方を誤ってしまう問題です。

人類も火を道具として使いはじめましたが、戦争の道具にも使われるようになりました。肉を焼いたり、暖《だん》をとったりという目的だったのが、その道具を悪用したり、ダメな使い方をしたりする人が必ず出てくる――**それと同じことが、数字や会計の世界でも起こっているのです。**

これについては、第2部で「禁じられた数字」として、〝道具〟のさらなる使い方とともにお話ししたいと思っています。

## 〝99％の意識と1％の知識〟の正体

本書の最初も最初、25ページで、「(数字が)うまくなるコツは〝99％の意識と1％の知識〟です」とお話ししました。

では、99％の意識と1％の知識とはいったいなんだったのか？　それは、この第1部がすべてを体現しています。

これまでお話しした「Ｗｅｂ２・０」だったり、「タウリン１０００ミリグラム配合」だったり、はたまた、「バイト代の８０００円より食い逃げの４０００円」だったり、「売上高利益率０・25％」だったり……結局そういった「使うべき数字」の存在に気づき、考えることが99％の意識の正体です。
そして、「使うべき数字」を生み出すための道具、それが1％の知識の正体です。
**〝99％の意識と1％の知識〟――これさえできれば、とりあえず75点は取れます。**
というわけで、つづきは第2部で。

# 第2部

# 「食い逃げされてもバイトは雇うな」なんて大間違い

# はじめに　宝くじは有楽町で買うべきか否か

## 宝くじは有楽町で買うべきか否か

『この売り場から1億円が12本出ました！』

その昔、有楽町でこんな貼《は》り紙が私の目に入ってきました。

なるほど、ここがかの有名な宝くじ売り場か、と関西出身の私はまじまじと見ていました。すると、一緒に歩いていた友人が、こう話しかけてきました。

「なあ山田、『1億円が12本』ってあるけど、お前ならここで買うか？」

「いやー、どうだろうねえ」

「ここは当たりがよく出るから、ここで買ったほうが有利とか思っていないか？」

「え、違うのか？」

「お前もわかってないなあ。『1億円が12本』出ているということはだ、ここでは買わないほうがいい、ってことだぞ」

「なんでだよ」

「つまりだな、確率を考えたら、全国各地で当たりが出る割合はほぼ同じになるはずだよな。でも、この売り場ではすでにこんなに当たりが出ているんだろう？　ということは、逆にまだ当たりの出ていない売り場で買ったほうが、当たる確率が増すというわけだ」

「じゃあ、ここでは宝くじを買うべきではない、ってことか？」

「そうだな。ここで宝くじを買うのは、運とか縁起とか非科学的なことを信じる奴らばかりだ――」

友人はこのように、「この売り場では宝くじを買わないほうがいい」と言い切りました。

はたしてこれは正しいのでしょうか？

それとも間違っているのでしょうか？

3択クイズにしてみましたので、ちょっと考えてみてください。

**《クイズ①》**

**『この売り場から1億円が12本出ました！』という宝くじ売り場の貼り紙を見て、「まだ当たりの出ていないところで買ったほうが当たる確率が増す」と考えるのは正しいのでしょうか？**

**A. 正しい。ほかのところで買うべきだ。**

**B. 間違い。当たりがよく出るところで買ったほうが、長期的に見ると当たる確率も高くなる。**

**C. 間違い。というか、そもそもどこで買おうがそんなの関係ない。**

正解を導き出す鍵は、「1億円が12本」という数字をどうとらえるかにあります。

（考える時間↓10秒）

いかがですか？

答えは決まりましたか？

正解はCです。

1億円が12本出ていようが、100本出ていようが、そんなの関係ありません。

1億円が12本出たという事実はたしかにあったのでしょうが、そのことが自分の買う宝くじが高額当選するという根拠にはまったくならないのです。

なぜなら、仮に1億円が当たる確率が1000万分の1だとすると、宝くじの抽選に不正がないかぎり、どの売り場で買っても1000万分の1であることに変わりはないからです。

1億円が12本出ている売り場で買おうと、一度も出ていない売り場で買おうと、当たる確率は同じく1000万分の1です。

だいたい、ターミナル駅の前にある売り場のように、購入者の数が多いところほど、「1億円が12本」といった数字は出やすくなります。

**つまり、「1億円が12本」という表現は、本来なら確率で示すべき宝くじの当選率を、絶対数で示しているのです。**

そして、「1億円が12本」という数字による強いインパクトが、「当たりが多いという事実」と「自分が当たるかもしれないという期待」との関係のなさを気づかせにくくしているのです※。

※それでも多くの人が当たりの出る売り場に並んでしまう理由として、「どこで買っても一緒なのはわかっているけど、後悔しないために、よさそうなことはなんでもやりたい」という心理や、「みんなが並んでいるから自分も並ぼう」という集団心理もあるでしょう。しかし、これらにも合理性はありません。

さて、あなたは正解しましたか？

AやBを選んでしまった方は、「1億円が12本」という数字に見事に惑《まど》わされています。私の友人も、もっともらしいことはいっていたのですが、結局は惑わされていました。

「1億円が12本」という余計な数字が、人の思考に影響を与えたのです。

このように、**事実なのだろうけれど人の判断を惑わせる数字のことを、私は「禁じられた数字」と呼んでいます。**

これは私の造語なのですが、なぜそのように呼んでいるのかには、もちろん理由があります。

その理由を、これからボクシングの例を交えてお話ししましょう。

## 「禁じ手」だらけのボクシング

「第12ラウンドも終盤、形勢はチャンピオンが優勢です。

しかし、あーっと、ここで山田選手、サミング(目潰し)です!

グローブの親指のところでチャンピオンの目を潰しにかかっています。チャンピオン、目から血を流しながらもうまく離れて距離をとった。

おーっと、山田選手、ここぞとばかりにボディに打ちこみます。そこに、チャンピオンの右カウンター! ボディに入った!!

山田選手、よろけながらチャンピオンの腕に寄りかかります。あーっ、こ、こ、これは見事な噛《か》みつきです! 思いっきり噛みついています!

そして、チャンピオンの股間《こかん》を蹴りあげた! チャンピオン、ダウン!!

……8、9、10 カン! カン! 山田選手、KO勝利です!!」

こんなボクシングを見たことがありますか？

絶対にないはずです。

なぜなら、「サミング」も「噛みつき」も「股間攻撃」も反則行為だからです。股間を蹴りあげてKOなんて、ありえません。

これらは「禁じ手」と呼ばれているものです。

スポーツなどで安全性や公平性を保つために設けられた禁止事項のことです。

いかにも小学生がケンカでやりそうな、いわば誰にでもできる攻撃ですが、やってはいけません。

「強い奴を決めるんだから、なにをやっても自由だろう」と思う方もいるかもしれませんが、こんな危ないことが許されていては、戦いどころではありません。「やられたら、同じことをやり返してやる！」という話にもなると思います。

禁じ手という考え方の特徴は、「やろうと思えば誰にでもできるけれど、お互いのために決してやらない」という点にあります。

ルールで決められているからやらない、という次元ではないのです。

そのため、世の中には多種多様な格闘技がありますが、どんな格闘技でも禁じ手については共通した認識が持たれています（目潰し・噛みつき・股間攻撃はどんな格闘技でも禁じ手です）。

やろうと思えば誰にでもできる、数字の誤った使い方――それが、「禁じられた数字」です。

## 「禁じられた数字」がやっかいな理由

世の中には数字があふれています。

そのなかにはまったくデタラメな数字もありますが、そんな数字は論外で、許されるはずがない数字です。

**それよりもタチが悪いのは、「事実だけれど正しくはない」という数字です。**

たとえば、さきほどの宝くじの例で挙げた「1億円が12本」という数字。これは、実績としては事実だけれど、そこで宝くじを買う理由としては正しくない数字、まさに「事実だけれど正しくはない」数字です。

宝くじの例はかわいいケースですが、これをビジネスや広告、交渉の場で応用すると、人の判断を惑わし、人を騙《だま》す武器にもなります。

これはボクシングの「禁じ手」と同様、やろうと思えば誰にでもできるけれど、社会全体のために決して使うべきではない卑怯《ひきょう》な数字です。

だから、私はこれを「禁じられた数字」と呼んでいるのです。

そして、この「禁じられた数字」がきわめてやっかいなのは、**文字ならばしっかりと考えられるのに、数字になったとたんに思考停止に陥《おちい》る人が意外と多い点にあります。**

つまり、「禁じられた数字」に騙される人はとても多いのです。

## 騙されるな、そして信じるな

第1部では、数字を使いこなすためのさまざまな〝道具〟を紹介しましたが、この第2部では、まず第1章で「禁じられた数字」について、より具体的にお話しします。「禁じられた数字」は正直者の皮をかぶった詐欺師《さぎし》みたいなもので、とても巧妙に私たちの生活に溶け込んでいます。

それらに騙されないようにするために、第1章では「禁じられた数字」、つまり数字の裏側にスポットを当てます。

数字の誤った使い方を知ることで、数字の裏側を常に読むことをテクニックとして習慣化するのです。

**この章の目標は、「数字のウソから数字を学べ」です。**

そして、第2章、第3章では、「禁じられた数字」が生み出される土壌《どじょう》（背景・原因）となっている、〝あるビジネス常識〟に言及します。

ビジネス常識が常に正しいとはかぎりません。時代の変化や知識の偏《かたよ》りによって、おかしなビジネス常識が堂々とまかりとおっていることもあるのです。

おかしなビジネス常識は信じてはいけません。

**私はこの第2部で、あるビジネス常識にNOを突きつけ、それらをひっくり返すつもりです。**

このように、第2部では、数字や会計、ビジネスの知られざる裏側を紹介していきます。

しかし、ネガティブメッセージばかりを発信しても精神衛生上よくないので、第4章では、数字や会計、ビジネスの表と裏を踏まえたうえで、私たちはどのように頭脳を働かせていけばいいのか——についてお話しします。

## 『「食い逃げされてもバイトは雇うな」なんて大間違い』とは？

『「食い逃げされてもバイトは雇うな」なんて大間違い』という第2部のタイトルに驚いた方もいらっしゃるかもしれません。

「自分でいっておいて『大間違い』とはなにごとだ！」「第1部の話を信じていたのにひどい！」と憤慨《ふんがい》された方も、ご安心ください。**第1部の話は決して間違ってはいません。あれはあれで正解です。**

では、正解なのに、どうして私は「大間違い」だといっているのでしょうか？　その謎を自分で解いてみたい方は、クイズ感覚で答えを考えておいてください。

### 第2部の構成について

前述のように、第2章、第3章の内容は、「禁じられた数字」が生み出される土壌についてですが、それらは第1部や第1章のような、具体的なテクニックではなく、多分《たぶん》に概念的な話なので、なかなかリアリティを感じることができないと思います。

そこで、第2章と第3章の冒頭には、キャラクターを用いた架空の話を「ケーススタディ」として入れてあります。

できれば読んでいただきたいのですが、小説形式が苦手な方は読み飛ばしていただいてもけっこうです。

それでは前置きはこのくらいにして、さっそく本文へとお進みください。

第1章

# 数字の達人は、特になにもしない

## 数字のウソ

## 「禁じられた数字」4つのパターン

私は第2部の「はじめに」で、「禁じられた数字」とはスポーツなどにおける「禁じ手」のような卑怯な数字のことである、といいました。しかし、これだと「数字の誤った使い方」は星の数ほどあることになり、なんだか漠然としています。

そこでこの第1章では、禁じられた数字の代表的なパターンを4つ挙げたいと思います。

もちろん実際には星の数ほど存在しますが、その4つをとおして、どういうものが禁じ手の数字なのかをつかんでいただきたいと思います。

### 禁じられた数字とは　その1「作られた数字」

まずひとつ目は、「作られた数字」です。

**作られた数字とは、はじめから「こういう数字がほしい」という結果ありきで生まれた数字のことを指します。**

たとえば、つぎのようなアンケートがあったとします。

Q. つぎの都市のなかで、いまいちばん行きたいところはどこですか？
ロンドン
パリ
ローマ
ハワイ

実際に私のまわりでこのアンケートをとったところ、つぎのような結果になりました（20〜30代の男女20名に聞きました）。

A. ロンドン　3人
パリ　5人
ローマ　4人
ハワイ　8人

この結果を見て、「ハワイの人気は断トツだなあ」ということには——なりませんよね？

そもそもこの設問には欠陥があります。ヨーロッパの都市が3つあるのに対し、リゾート地はハワイひとつしかありません。そのせいで、ヨーロッパに観光しに行きたい人の票は分散し、リゾート地でゆっくりしたい人の票がハワイに集中したのです。

これがもし、パリ、ローマ、バリ島、ハワイ、という選択肢だったら、結果はまったく違っていたはずです。

つまりこれは、そもそも設問の段階で「ハワイ勝利」の結果が見えているアンケートなのです。

ですが、旅行会社のハワイ担当者なら、こういうアンケートから生まれた作られた数字を使って、『いま再び、若い世代にハワイ人気』などと宣伝するかもしれません。

**そもそもアンケートというのは、前提条件や対象範囲のちょっとした違いによって、出てくる数字が異なってきます。**

こうした特徴を悪用すれば、作られた数字は簡単にできてしまうのです。

**3世代世帯割合と合計特殊出生率**

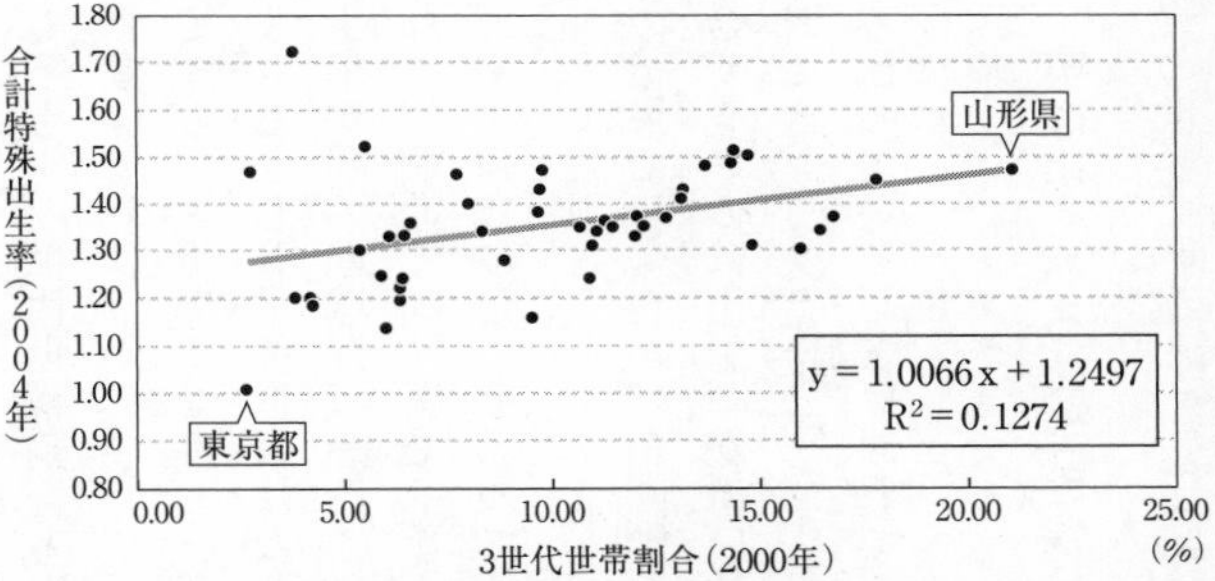


（注）総務省統計局「国勢調査」及び厚生労働省大臣官房統計情報部「人口動態統計」より厚生労働省政策統括官付政策評価官室作成

## 少子化対策のトンデモ結論

実際に世の中に蔓延《まんえん》している、作られた数字の例を見てみましょう。

厚生労働白書（平成17年版）には、少子化の分析として「3世代世帯は子育てを助ける」という記述があります。

それによると、都道府県別の3世代世帯割合と出生率の関係を見ると、3世代世帯割合の高い地域では出生率も高い傾向がややうかがえる、というのです。

これは、3世代世帯割合が21%と高い山形県が出生率も1・47と高く、3世代世帯割合が3%と低い東京都が出生率も1・01と低いというところから導き出された結論のようなのですが、よく考えてみるとおかしな結論です。

そもそも、3世代世帯割合と出生率の関係からなにかを導き出すのは、無理があるのではないでしょうか。

なぜなら、よく考えてみると、**3世代世帯だから子供が生まれるのではなく、子供が生まれるから3世代世帯になるのです。**

出生率が高い地域は、必然的に3世代世帯割合も高くなるはずです。

それに、最近では同居ではなく、親の近所に住んで子育てを手伝ってもらう人も多くいます。両方の親に手伝ってもらおうと、それぞれの実家の中間に居《きょ》を構える夫婦も身近にいます。

その結果でしょうか、3世代世帯割合が低いのに出生率が高い沖縄県や、3世代世帯割合が高いのに出生率が低い秋田県といった例外が生まれてしまっています。

これでは、「3世代世帯が子育てに適している」という結論のために作られた数字を生み出している、といわれても仕方がないでしょう。

## 実はよくある「生き残りバイアス」

投資の世界でいうと、「生き残りバイアス（サバイバル・バイアス）」という話があります。

つぎの広告文を見てください。

**当社の10本の投資信託、そのすべてがすばらしい運用実績です**

そして広告には、すばらしい運用実績が数字で示されているのですが、その数字は事実であっても正しくはありません。

そう、巧妙に作られた数字なのです。

トリックはきわめて簡単で、100本の投資信託を作って運用し、その成績上位10本の投資信託だけを残したらいいのです。

残りの90本はそもそも成績が悪いのですから、潰したところでたいした損害にはなりません。なによりも、10本だけを残すことで絶大な広告効果を手に入れることができます。

これは、除外されたものを考えずに、提示されたものだけを見て判断してしまう人間の習性を悪用した、作られた数字なのです。

## ランキングを操作する人々

先日、知り合いのビジネス書の著者からこんな電話がありました。

「山田さんの本を大量に買ったんですけど、よかったら差しあげましょうか？」

著者といえども、手許《てもと》に自分の本が大量にあるわけではないので、私はありがたく頂戴することにしましたが、それにしたってなぜ彼が私の本を大量に？

理由をたずねると、彼は少し恥ずかしそうな声でこういいました。

「いえ、実は今度出た私の新刊で、『アマゾンキャンペーン』をやったんです。で、私の新刊が1000円で、山田さんの本が500円だったんですよね。そうすると1500円で送料が無料になるじゃないですか。まあ、組み合わせたのは山田さんの本だけではないんですけど」

私は驚きました。

噂には聞いていましたが、こんな身近にアマゾンキャンペーンをやる人がいるとは思わなかったのです。

アマゾンキャンペーンとは、インターネット書店アマゾンのベストセラーランキングで第1位をとるために、著者が大勢の人を動員して短時間でいっせいに本を購入するという集団行動です。

アマゾンでは1時間ごとのリアルタイムで売上ランキングが発表されているため、短期間に集中して買えば、かなり上位にランキングされるのです。**仮にその本が人気のない本であったとしても、ネットワークや資金力さえあれば比較的簡単に上位に入ることができます。**

そして、アマゾンで第1位をとることができれば、ランキングを見た人に「すごく売れている本みたいだから買ってみよう」と思わせることができます。さらに、「アマゾンで第1位をとった」ことを武器に、書店に営業をかけることもできるのです。

この「第1位」という数字自体に間違いはないのですが、これは明らかに作られた数字です。

このような話は、ネットの世界にかぎったことではありません。

書籍ランキングが新聞や雑誌でとりあげられるような大きな書店では、一括《いっかつ》大量購入があたりまえのように行われています。

ある会社の社長は、自分の本が出るときには社員や取引先を大量動員して、ランキングの出る大手書店で集中して本を買わせています。宗教団体の本でも、同様のケースが散見されます。

その結果、作られた書籍ランキングがメディアを通じて広く世間に知れ渡ることになるのです（書店やメディアによっては、そうしたランキングを正常化するために骨を折っているところもあります）。

また、ある音楽番組では、ゲストで呼ばれたアーティストの新曲は、ＣＤが売れていようといなかろうと、必ずその番組のベスト10に入るという不思議な現象が起きています。

これもランキング操作です。

番組を盛りあげるため、という意図もわかりますが、明らかにこれは作られた数字です。

ランキング操作というとものすごくダーティーなイメージですが、アマゾンキャンペーンなど、ネット上で堂々と行われ、少しもコソコソしていません。

**それは、ランキング操作は、やるほうにとっては単なるビジネス戦略だからです。**

これはもう、ランキングを見る側が自衛するしかありません。

ランキングというのは、数字が使われていますが決して絶対的なものではなく、その程度のものであると認識したほうがいいのでしょう。

## 禁じられた数字とは　その2「関係のない数字」

禁じられた数字の2つ目は、「関係のない数字」です。

**関係のない数字とは、その名のとおり、関係がないのに使われている数字のことを指します。**

まず思い出していただきたいのは、第2部「はじめに」217ページでお話しした、宝くじ売り場の「1億円が12本」という数字。これも、自分が当たるかどうかにはまったく無関係な、関係のない数字です。

ほかにも、映画などで見かける「構想7年、ついに映画化」といった数字も、べつに関係のない数字です。

「製作7年」なら、「手をかけて作ったのかな」とも思いますが、「構想7年」はアイデアレベルの話なので、ムダに7年もかけて考えたか、なんらかの事情で映画化されなかっただけでしょう。

となると、「構想7年」は、その映画自体がおもしろい理由にはならないはずです。

にもかかわらずこういった表現がよく使われるのは、「構想7年」という数字によるインパクトが強いからです。そして、**そのインパクトの強さが、「考えはじめたのが古いという事実」と「映画がおもしろいかもしれないという期待」との関係のなさを気づかせにくくしているのです。**

雑誌などで見かける「話題のイケメン俳優、激白60分」といった数字も、あまり関係のない数字です。なぜなら、「取材時間の長さ」と「記事の中身」は、直接的には関係がないからです。

60分とうたっておきながら雑誌のなかではちょっとしか紙面がないという、ページ数とすら比例しない場合もあります。

「激白60分」は、単なる事実の紹介でしかないのです。

ちなみに私の体験をお話しすると、取材の場合、あいさつや打ち合わせや写真撮影の時間もあるので、60分の取材時間のうち、実質的に語っているのは30分ぐらいがいいところでしょう。

## 投資をはじめるなら250万円？

先日、ある奥さんが私にたずねてきました。

「そろそろ投資信託とかをはじめようと思っているんですけど、250万円でいいでしょうか?」

「やけに具体的な金額ですね。どうして、250万円なんですか?」

「ママ友達で最近、投資をはじめた人がいて、彼女は250万円からスタートしたそうなんです。だから私もがんばって、250万円からはじめたほうがいいのかなって――」

この奥さんは間違いを犯そうとしています。

どこが間違っているのか、わかりますか?

投資で大切なのは、余裕資金で行うこと。当然、収入や手持ちの財産、将来設計によって各人の余裕資金は異なります。

にもかかわらず、この奥さんは自身の余裕資金の計算を無視して、「ママ友達が250万円だったから」という基準で投資をはじめようとしているのが、間違いなのです。

この奥さんがまずやるべきことは、自分にいくら余裕資金があるのかを把握することです。がんばって(ムリして)250万円を投資に使ってしまっては、実生活を危うくする可能性があります。

では、なぜこの奥さんは間違いを犯しそうになったのでしょうか？

それは、「250万円」という、身近な事実だけれど投資額の判断基準とは関係の……ない数字が、奥さんの目の前に魅惑的に存在していたからです。

## 思考停止させるテクニック

関係のない数字は、ときとして凶器にもなります。

たとえば、政治家がつぎのように言い出したとしたらどうでしょう。

「利用者は少ないかもしれないが、この空港を作るためにすでに800億円もかかっているのだから、いまさら中止することはできない」

この政治家は、単に「地元に建設費を落としたい」という理由だけでこう説得しようとしているのかもしれませんが、そんな事情はさておき、「800億円もかかっているなら、たしかにもったいない」と同調する人もいるでしょう。

しかしよく考えてください。

たしかに８００億円という数字は事実でしょうが、「だからもったいない」という意見とは直接的な関係はありません。建設を続行した結果、もっと損をすることになるなら、もったいないどころではないからです。

大事なのは、今後、儲かるかどうかであって、過去の投入額ではありません。過去の投入額は「埋没原価《まいぼつげんか》（サンクコスト）」であり、続行か中止かの判断とは無関係なのです。今後、８００億円という現在の赤字額が縮小するのか、逆に拡大するのか、という点だけが判断の基準になります※。

この政治家は、「８００億円」という金額の大きさの持つインパクトを利用しているのでしょう。

**つまり、インパクトの強い関係のない数字は、数字が苦手な人を思考停止させるにはもってこいの便利な道具（凶器）なのです。**

※そもそも、８００億円もかかっているからもったいないと感じるのは、行動経済学的には「損失を認めたくない！」という「損失回避性」が発生しているからでもあります。

## 禁じられた数字とは　その3「根拠のない数字」

禁じられた数字の3つ目は、「根拠のない数字」です。

**さしたる根拠がないのに、表現のなかに数字が使われているので、もっともらしく聞こえてしまう数字のことを指します。**

私は仕事柄、企業の事業計画書を見る機会が多いのですが、つぎのようなケースに出合うことがあります。

〈売上高推移〉
2006年　10億円（実績）
2007年　20億円（実績）
2008年　40億円（予測）
2009年　80億円（予測）

私「2009年の80億円という数字は達成できるんですか？　今年（2007

年）の4倍ですよ」
社長「これまで倍増、倍増できているので、たぶん大丈夫ですよ」
私「おたくの業界は市場規模がまだ200億円なんですよ。いまのシェア（市場占有率）が1割なのに、2年後にシェアの4割をとることが可能なんですか？」
社長「そ、そうですね。おそらくその頃には市場も4倍になるのではないかと……」
私（ふーっ。この人も寝ぼけたことを）

たしかに、これまでの実績から予測すると、倍増、倍増で売上が増えるかもしれません。しかし、市場サイズには限界があります。市場自体が大きくならなければ、話になりません。

また、売上規模を大きくするには、そもそも社内の人員を増やさなければなりませんが、採用した人材の育成が追いつくかどうかは疑問です。

この「単純な思考から生じた予測」という根拠のない数字は、端《はた》から見るとウソみたいに幼稚な話ですが、驚くべきことに本当によくあるケースなのです。

社内で「倍々になったらいいねえ」と言い合っているだけならかわいいものですが、それを事業計画書として発表するとなると話は違ってきます。

第1部で私は、「数字は変化しないのでそこに信用が生まれる」と説明しました。**いったん数値化されると、人はその数字を素直に信じてしまいがちです。**

この予測数値も公に発表されれば、多くの人々が信じることになります。

こうした根拠のない数字は、やはり禁じられた数字です。

## 経済効果のウソ

「○○の優勝で経済効果1000億円！」といった経済効果の数字がありますが、ホントかなあ、と思ったことはありませんか？

そう、あれも根拠のない（弱い）数字です。

その証拠に、同じ事柄でも、発表する機関によって金額は異なる場合がほとんどです。その理由は、分析者によって、経済効果の対象に含める範囲が違うからです。

また、経済効果には当然、「優勝セールに行ったから、この冬のバーゲンには行かなくていいわね」といったマイナス効果も発生するのですが、これが経済効果の金額から引き算されるわけではありません。

**となると、ますます本当の経済効果は誰にもわからなくなります。**

これもやはり禁じられた数字ではありますが、こういう根拠があるようなないような数字は、「もっと真実に近づけろ」と目くじらを立てるのではなく、「景気づけのための数字なんだよね」と温かい目で見守るぐらいがちょうどいいスタンスなのでしょう。

## 禁じられた数字とは　その４「机《き》上《じょう》の数字」

禁じられた数字の４つ目は、「机上の数字」です。

**机上の数字とは、計算上はうまくいくけれども実際にはうまくいかない数字のことを指します。**

たとえば、夏休みに２００ページの宿題を出された小学生が、「夏休みは40日間あるから一日５ページずつやっていけば大丈夫」と思い、毎日５ページだけやっていくようなものです。

当然ながら、夏休み中にはプール登校日やら家族旅行やら遊び疲れやらで、宿題ができない日が必ず出てきます。そのため、終盤には、予定がズレて残ってしまった宿題をヒイヒイいいながら一気にやらざるをえないハメになります。

## 求人広告のワナ

大人になっても、事情は同じです。
ここでクイズを出しましょう。

**《クイズ②》**
**あなたはつぎの求人広告を見てどう思いますか？**
**『工場勤務。時給1000円。月30万円可。寮完備』**

（考える時間↓1分）

さて、月30万円もらえるんだからいい仕事だな、と一瞬でも思いませんでしたか？

もしそうだとしたら、広告主の思うツボです。

月30万円を時給1000円で割ると、300時間。

月30万円を得るためには、休みなしで30日間、毎日10時間も働かなければならないのです。


となると、なぜ「寮完備」なのかという裏側も見えてきます。死ぬほど働くので、住居と職場は近いほうがいいということなのでしょう。

それが短期間ならまだしも数カ月となると、まず身体が持たないでしょう。そもそも労働法違反です。

「月30万円」というのは、まさに机上の数字なのです※。

※実際にこれに似た求人広告を出した会社があり、会社は従業員から訴えられています。

## 中小企業の7割が危機ってホント？

「日本の中小企業の7割が赤字」という話を聞いたことがありませんか？

国税庁が法人税の数字をもとに発表している有名な数字です。

この数字をもとに、「中小企業の7割が危機だ」と論じている人も数多くいるのですが、それはナンセンスな話です。

というのも、ご存じの方も多いと思いますが、中小企業には本当は黒字なのにわざと赤字にしている会社がけっこうあるからです。

理由は簡単で、黒字になると税金をたくさんとられるからです。だから、社長自身や親族への給与額を増やすなどしてわざと赤字にし、税金を少なくしているのです。

ですから、たしかに経営が苦しい中小企業は多いでしょうが、「7割が危機」だというわけではないのです。

逆に、本当は赤字なのに、そのままだと銀行からの融資がストップするから、わざと黒字に粉飾《ふんしょく》している中小企業もけっこうあります。

となると、いったい中小企業の何割が危機なのかは、この数字からはさっぱりわかりません。

**「7割が赤字」という数字は、本当に国税庁の机の上だけの数字なのです。**

## 平均値は机上の数字

ビジネスにおいては、平均値というのも机上の数字です。

A社とB社の平均をとって、Cという数字が生まれたとします。しかし、Cという数字を持つ会社はどこにも存在しません。

平均値というのは、あくまでも架空の数字なのです。

高いコンサルタント料を誇るある経営コンサルタントは、各業種の会計数字の平均値をほぼ丸暗記していて、すぐに「製造業の使用総資本回転率の全国平均は1.0回転ですから、御社《おんしゃ》はまだ0.2回転分足りません」といったことを指摘して、会社の人から尊敬されるように仕向けています。

たしかに、その暗記力はすごいのですが、それはいったいなんの役に立つのでしょう。

たとえば、「売上20億円、利益マイナス2億円」という不振企業と、「売上2億円、利益1億円」という超優良企業の平均をとったとします。

すると、「売上11億円、利益マイナス5000万円」という架空の不振企業が生まれるのですが、そこには超優良企業の数字は影も形も残りません。

**つまり平均値は、うまくいっている会社とそうでない会社がゴチャ混ぜになっているので、その間をとった数字と比べても意味はないのです。**

そもそも、扱っている製品が違えば、原価も市場も商慣習も異なるので、平均値と

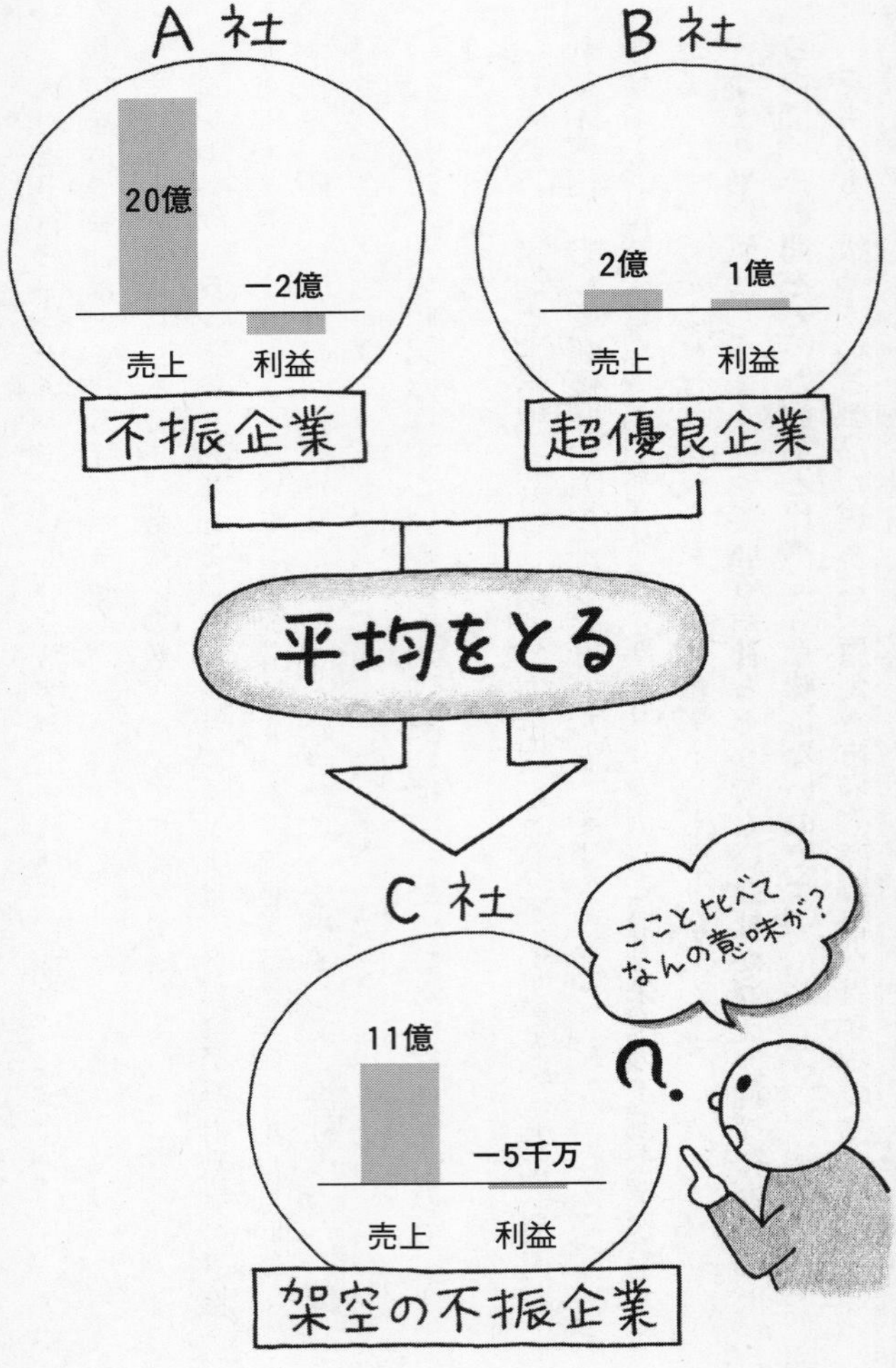
A社
20億
−2億
売上
利益
不振企業
B社
2億
1億
売上
利益
超優良企業
平均をとる
C社
11億
−5千万
売上
利益
架空の不振企業
ここと比べて
なんの意味が？

比べるのはますます意味がない行為になります。

平均値は比較しやすいので目安にはなりますが、それが経営の役に立つかというと疑問です。

セブン&アイ・ホールディングスの鈴木敏文会長兼ＣＥＯ（最高経営責任者）もつぎのように語っています（２０１６年に退任）。

「例えば、コンビニエンスストアで、人口が過疎な地域ながら、ご用聞きなどのサービスを積極的に行って一日の売り上げが50万円の店と、人口密度が高く、競合もほとんどなく、環境に恵まれながら売り上げが50万円の店とでは、同じ50万円でもまったく意味が違います。平均値は全部足してならしたものです。そんな平均値と比べて、高いか低いかを考えても意味がありません」

（「プレジデント」２００７年10月1日号より）

作られた数字である平均値は、その業界全体のことや自社の良し悪しがわかったつもりになる便利な数字です。自分が平均値より上か下かで一喜一憂《いっきいちゆう》するのは自由ですが、それはあくまでも目安でしかないことを忘れてはなりません。

平均値そのものに罪はありませんが、使い方を間違えれば、やはり禁じられた数字になってしまうのです。

## 数字に対して、「特になにもしない」

以上、「禁じられた数字」のパターンとして、「作られた数字」「関係のない数字」「根拠のない数字」「机上の数字」の4つを見てきました。

最初にもいいましたが、事実だけれど正しくはない禁じられた数字がやっかいなのは、数字を見るだけで思考停止する人がいたり、事実だけについ信頼してしまう点にあります。

**数字の受け手である私たちは、数字を見たら疑ってかかる、もしくはそれほど信頼しないことが必要になってきます。**

数字の裏側を読むことを習慣化するのです。

ちなみに、数字を得意としているプロたちは、ふだん数字に対してどう接しているのかというと、特になにもしていない人が多いです。

誤解のないようにいうと、数字の裏側を読むことを怠っているわけではなく、数字だからといって特別視していないのです。つまり、ほかの文字と同等に扱えるようになっているのです。

文字はあいまいだったり、ウソをついたりします。プロは数字に対しても同様に、「あいまいだったり、ウソをついたりするんだよなあ」と思いながら、日々、数字と向き合っているのです。

**数字だからといって身構える必要はありません。**

もともと数字も文字の一種なのですから。

ただ、これには慣れが必要なので、数字に対する免疫力が低い方は、まずは数字の裏側を常に読むようにしてください。

## 「禁じられた数字」より問題なもの

これまで「禁じられた数字」について見てきましたが、本当に問題なのは、数字そのものや禁じられた数字を生み出す個人ではなく、禁じられた数字が生み出される土壌にあります。

特にビジネスの世界では、禁じられた数字が生み出される土壌が顕著に存在し、私も仕事上よく目にしています。

そのため、ここから先は、ビジネスにおける〝禁じられた数字が生み出される土壌〟について見ていきます。

具体的には、特に禁じられた数字を生み出しやすい「計画」と「効率化」についてとりあげます。

つまり、計画や効率化で使われている数字は、禁じられた数字である可能性が高いということです。

つづく第2章では、まずケーススタディをとおして、ビジネスの現場でどのように「計画」が禁じられた数字を生み出すのかについて見てみましょう。

## 《第1章のまとめ》

### 「禁じられた数字」とは?

- 「禁じられた数字」=数字の世界の禁じ手
　　　　　　　　=事実だけれど正しくはない数字

→誰でも使おうと思えば使えるが、人の判断を惑わし、人を騙す武器にもなる

### 「禁じられた数字」には4つのパターン

①作られた数字　②関係のない数字　③根拠のない数字
④机上の数字

### 禁じられた数字①「作られた数字」

=はじめから「こういう結果がほしい」という結論ありきで生まれた数字

〈代表例〉誘導的な設問のアンケート、原因と結果が逆の統計調査、母数を無視した広告表示、操作されたランキング

### 禁じられた数字②「関係のない数字」

=本当は関係がないのに、さも関係がありそうに思わせる数字

〈代表例〉「この売り場から1億円が12本出ました!」「構想7年、ついに映画化」「800億円もかかっているから、いまさら中止できない」

### 禁じられた数字③「根拠のない数字」

=さしたる根拠がないのに、もっともらしく聞こえてしまう数字

〈代表例〉倍々で考える予測数値、経済効果の数字

### 禁じられた数字④「机上の数字」

=計算上はうまくいくけれども、実際にはうまくいかない数字

〈代表例〉「1日5ページずつやっていけば大丈夫」、時給1000円で「月30万円可」、「中小企業の7割が危機」、条件・環境を無視した平均値

### 数字のウソから数字を学べ

- 数字の裏側を読むことを習慣化する
  1. 数字を見たら疑ってかかる
  2. 数字をそれほど信頼しない
  3. 数字だからといって特別視しない(ほかの文字と同等に扱う)

第2章

# 天才CFOよりグラビアアイドルに学べ

計画信仰

## ケーススタディ① 1億円を1週間で使い切れ⁉

### 天才CFOの提案

自称〝天才〟の黒田は、積極的な出店で急成長を遂げた「小寺《こでら》フードストア」のCFO（最高財務責任者）である。先月とうとう株式上場を果たしたが、それも自分の指揮のおかげ、と黒田は自負していた。実際、まだ20代の彼に、社長の小寺も絶大な信頼を置いていた。

そして、暮れも押し迫った12月――「小寺フードストア」の決算月である――に、黒田CFOが突然こう言い出した。

「秋以降の原価のコストダウンが予想以上にうまくいったため、利益が出すぎました。そのため、年内に1億円を使い切る必要があります」

小寺社長は驚いた。

「年内といっても、あと1週間しかないよ、黒田くん」

「そうです、1週間で1億円を使い切るのですよ」

沈黙する小寺社長に、黒田CFOは眼鏡を指で押しあげながらいった。

「株主を裏切らないためには、利益を調整しなければなりません。決算日まで時間がないので、役員会にかける暇もありません。僕に全権を委任してください、社長」

小寺社長はさすがに迷ったが、信頼する黒田CFOのことなので、結局了承した。

しかし、このやり取りを聞いていた経理課長の栗山は不安に思い、監査法人の担当者である公認会計士、藤原萌実《ふじわらもえみ》に電話をかけた。

＊

## 利益演出

翌日、後輩の柿本《かきもと》を連れてやってきた萌実は、栗山課長から事情を聞いた。

「ふーん、なるほどね。それで、どうして私に相談するわけ？」

「黒田CFOがすごいことは私も認めるのですが、いつも強引なところがありまして……。今回の場合、小寺社長も積極的に承認したわけではないというか、あまり乗り気でなかったというか……それでなんとなく……」

「なんとなくって、私を呼びつけたわりには、ハッキリしない理由ね」

むくれる萌実に、柿本はあきれた。

「萌《もえ》さん、昨日は『なんだかおもしろそうだから行ってみよう〜』って喜んでいたじゃないですか」

「うるさいわねえ。それでアンタはどう思うのよ、カッキー？」

「そうですね……今度の決算に関わることですし、事前に1億円の使い道については聞いておいたほうがいいと思います」

「1億円という金額については？」

「はっきりいって、大きすぎます。年商60億円、営業利益4億円という規模の会社が、利益額を演出するために1億円を人為的に使い切るなんて聞いたことがありません。上場企業として、倫理的にもどうかと思います」

「倫理的なことはこの際、おいておきなさい。私たちが経営判断にまで口出しする権利はないんだからね。それに、アンタは聞いたことがないかもしれないけど、こういう『利益演出』はよくある話よ」

「よくある話なんですか？」

驚きの声をあげたのは、柿本ではなく栗山課長だった。

## 計画どおりにする必要

栗山課長は遠慮がちに聞いた。

「あの……すみません。実はどうして利益を1億円も減らさなければならないのか、よくわからないのです。せっかく稼いだ利益を減らすなんてもったいない……節税というのなら話はわかるのですが、どうもそういうわけではなさそうで……」

「今回は節税が目的じゃないわ。当初の計画どおりにすることが目的なのよ」

「たしかに事業計画よりも1億円多いですが……儲けすぎるのが、そんなに問題なんでしょうか？」

「大問題よ、上場会社なんだから。つまりね、計画どおりじゃないと、そもそもの計画が間違っていたということになって、『計画作成能力が欠如した会社』と評価されるのよ」

「上方修正すればよいのではないでしょうか。上にする分には、問題ないのではありませんか……？」

「そういうわけにはいかないのよ。上にブレても、下にブレても、『業績を修正する』という事実に変わりはないからね。しかも、上場直後の業績修正なんて、アイツ、黒田ＣＦＯのプライドが許さないでしょうね。上場審査でも、計画を立ててそのとおり実行できるかどうかが重視されたでしょう？　それは、計画が狂うことが株主に迷惑をかけることになるからなのよ」

「なるほど……だから計画どおりにするために、今年の利益を4億円から3億円に減らす必要があるんですね……」

## 成長性の演出

「あー、それだけじゃないわよ。この会社は新興市場に上場したばかりだから、成長性の問題もあるの」

そういうと、萌実はペンをとった。

「この会社の営業利益は一昨年が1億円、去年が2億円だった。そして、今年はこのままだと4億円」

萌実は白紙に点を打ったあと、線で結んだ。

「ほらね、成長が急カーブになるでしょう。このままだと来年は6億円、再来年は9億円ぐらいの利益を出さなきゃ成長性は演出できないわ。それだと、のちのちたいへんになるじゃない」

「ということは……今年を3億円におさえたら、来年は4億円ぐらいでいいということですか」

「そういうこと」

萌実は先ほど描いた急カーブの線の下に、なだらかなカーブの線を描いた。

「成長性の演出をする場合、常に一定の成長率で伸びていくことが大切だからね」

「なるほど。上場したばかりの会社は、こうしたことに気を使う必要があるんですね」

「――」

栗山課長の言葉に、萌実は返事をしなかった。

「栗山さん、ちょっと大急ぎで小寺社長と黒田ＣＦＯに会わせてくれないかしら」

「黒田は今日一日外に出ているのですが、社長なら、ちょうど部屋にいましたよ」

「じゃあ、小寺社長だけでいいわ。すぐに会わせてくれない？」

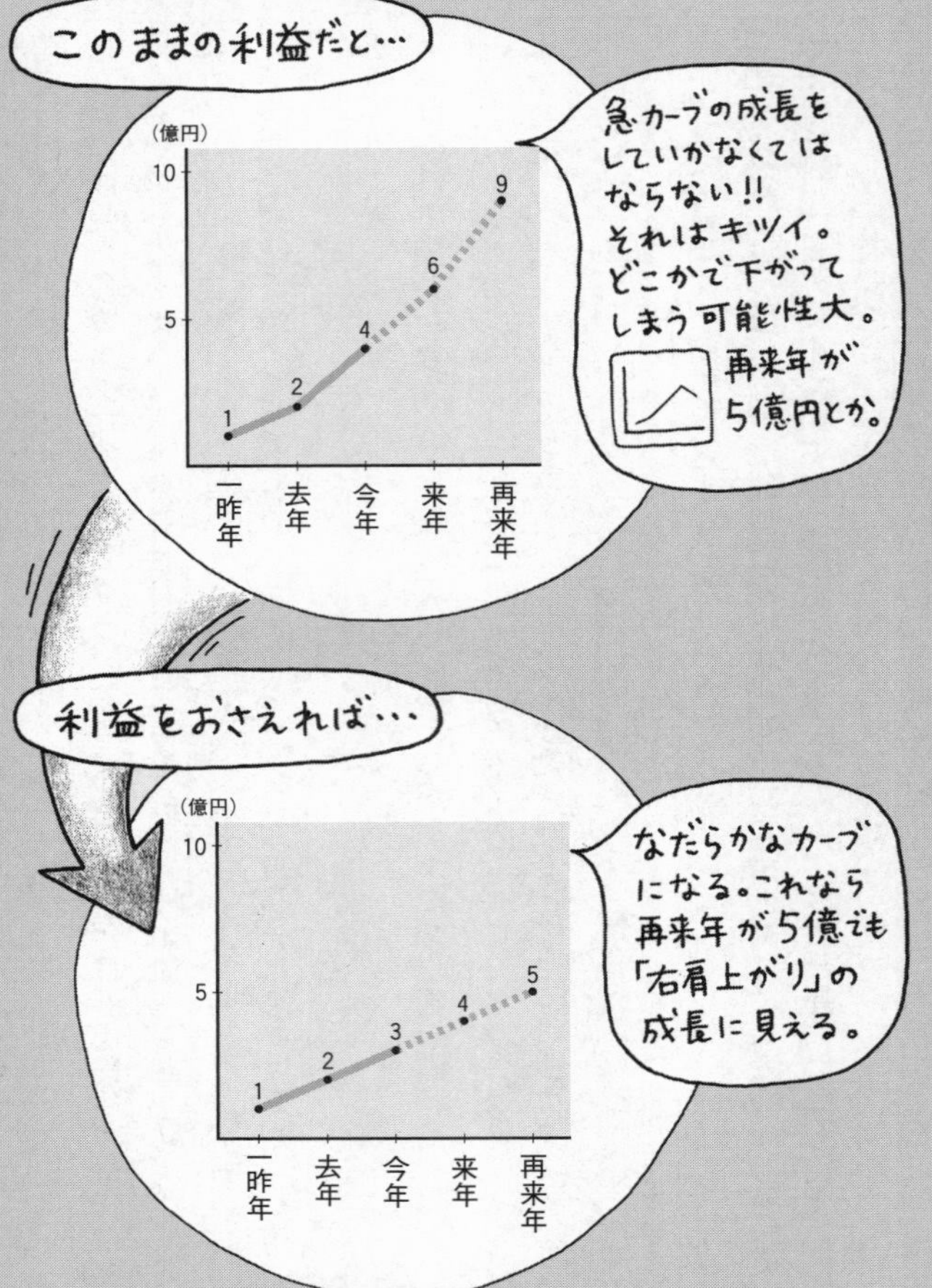
このままの利益だと…
(億円)
10
5
1
2
4
6
9
一昨年
去年
今年
来年
再来年
急カーブの成長をしていかなくてはならない!! それはキツイ。どこかで下がってしまう可能性大。
再来年が5億円とか。
利益をおさえれば…
(億円)
10
5
1
2
3
4
5
一昨年
去年
今年
来年
再来年
なだらかなカーブになる。これなら再来年が5億でも「右肩上がり」の成長に見える。

こうして、萌実と柿本は栗山課長の案内で社長室へと向かった。

小寺社長はまだ40代と若いにもかかわらず、ものごとをじっくり考える温厚な人物で、社内での人望も厚かった。業界への影響力や、人脈についても申し分ないのだが、会計にはまったくといっていいほど詳しくない。

「で、小寺社長。今回の件はどう思っているの？」

萌実は単刀直入に聞いた。

「いやあ、そういうこともあるんだな、と思っただけですよ。まあたしかに、驚きはしましたが」

ぽっちゃりタイプの小寺社長は、笑顔で頭をかきながらいった。

「1億円という数字については？」

「ずいぶん大きいな、とは。ただ、うちには1億円売り上げる店もたくさんあるので、1店分ぐらいかなあ、と。そのくらいなら、まあ、いいかなと」

小寺社長には、金額を瞬時に身近なものに置き換える能力があって、こういった数字のセンスについては萌実も一目置いていた。しかし——。

## 利益の1億円

「――あのね、それは売上の1億円でしょう。今回の話は利益の1億円よ」

小寺社長は、3秒ほど首をひねってから口を開いた。

「売上の1億円と利益の1億円とでは、なにか違うんですか？」

「雲泥《うんでい》の差よ。売上から費用を引いたものが利益なんだから」

「あー。私、会計はそのあたりからよくわからないんで……」

「ええっと、悪かったわね、社長――言い方を換えると、100円を売り上げるのと、100円の粗利《あらり》を出すのとでは、どちらが簡単かしら？」

「それは100円の売上のほうが簡単ですよ。100円の粗利を出そうと思ったら、400円は売り上げないと無理ですから」

萌実からすると不思議なことに、商売人というのは「粗利」という言葉には敏感だ。頭のなかで瞬時にいろいろな要素を踏まえて数字をはじき出すことすらできる。

「そう、そういうこと。で、利益にはいろんな利益があって、粗利もそのうちのひとつよ。だから、1億円の売上は簡単でも、1億円の利益を得るのにはたいへんな努力が必要なの」

粗利 ＝ 売上 － 原価

営業利益 ＝ 売上 － 原価 － 販管費

経常利益 ＝ 売上 － 原価 － 販管費 － 営業外損益

純利益 ＝ 売上 － 原価 － 販管費 － 営業外損益 － 特別損益

※ビジネス上よく使うのが「粗利」
新聞などでよく見るのが「経常利益」
最終利益とも呼ばれるのが「純利益」

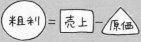

「なるほどなるほど。ということは、今回の1億円を使い切るという話は？」

「苦労して稼いだ利益の1億円を、たった1週間で使い切っちゃうということなの。わかる？」

「おかげでなんとなく。利益の1億円というのは、うちの店でいうと、だいたい15店舗分の利益か……それは、ずいぶんともったいないな。どうして無理に使わなければいけないんでしょうね？」

いまさらながらに小寺社長がいうと、栗山課長が口を開いた。

「それは、藤原先生によれば、事業計画に合わせるためだそうです」

栗山課長は、さきほど萌実から教わったことを小寺社長に説明した。

「なるほど、上場した以上は仕方がないのか……でも……」

小寺社長は思案するように首をかたむけた。

「上場前も、年末に急いで経費を使うことがあったよね、栗山くん？」

「あれは、節税対策です。『10万円未満の備品は、12月中に買っておいてください』と経理課から各店に通知を出すことがありましたが、これは12月までに買うことで節税できるので、お願いしていたのです」

なるほどなるほど、とうなずく小寺社長の横で、萌実は渋い顔をした。

「まあ、ねえ。備品を前倒しで買うくらいのことだったらべつにいいんだけどねー。今回は1億円だから、もっと慎重にしてほしいんだけど」

## 『資産』ではなく『費用』がほしい

ぼやく萌実に向かって、小寺社長が質問を投げかけた。

「藤原先生、1億円もの大金を黒田くんはなにに使うつもりなんでしょうね？　土地、建物、高級車……もしかして飛行機？」

「いいえ、それはないわ。不動産や乗り物は『資産』であって『費用』ではないから、今回の利益を圧縮させる話とは関係がないの」

「んん？」

小寺社長が目を白黒させる。

「売上から費用を引いたものが利益、という話はさっきしたわね。つまり、今回増やさなければいけないものは『費用』なの。ところが、不動産や車は『資産』なのよ。だから、この話にはまったく関係がないの」

「うーん、むずかしいなあ。『費用』と『資産』の違いは、なんなんでしょうね？」

「簡単にいうと、『費用』は使ってなくなっちゃうもの、『資産』は長年会社で使われる財産のことよ」

| | | |
|---|---|---|
| | （代表例） | （備考） |
| 費用 | 使ってなくなるもの | 備品、広告費、研修費、貸倒《かしだおれ》損失 | |
| 資産 | 長年使われる財産 | 不動産、在庫、資金、株式 | 減価《げんか》償却《しょうきゃく》を行う（３３０ページ） |

「じゃあ、建物や車は長年使うし、会社の財産だから『資産』ということですか？」

「そう」

「では、ボールペンや電球といったモノも、すぐに使い切れば『費用』で、長年使えば『資産』になる？」

「うーん。まあ、そういうことになるわね」

「萌さん、それは違うじゃないですか！」

柿本がいった。

「待って、カッキー。アンタみたいな実務にどっぷりつかっている人間には不思議かもしれないけど、会計の理論上はそうなのよ。少額のモノでも長年使うのであれば、それは『資産』なの。ただ、実務上は少額のモノまで『資産』にすると管理がたいへんになるから、10万円未満なら『費用』でいいという税法上の基準を使っているだけなのよ※」

「うーん、たしかに『資産』は資産台帳を使って管理して、毎年、減価償却費を計上しなければいけませんからね。いくら長年使ったとしても、ボールペンの減価償却なんて、したくありませんね……」

ふたりの会話を聞いていた小寺社長は、ちょっと考え込んだ。

「ちょっと、待ってください。10万円未満の備品しか『費用』にならないのであれば、1億円の『費用』なんて、黒田くんはいったいどうするつもりなのでしょうか……そうか、10万円弱の備品を1000個購入すれば！」

「あー、その手は使わないでしょうね。備品はいずれ使わなきゃならないんだから」

※会計の基準と税法で決められている基準は違います。

## 商品仕入れや投資だと、どうなる？

「なるほど……そうだ、では1億円の商品を仕入れるというのはどうでしょう？　私にしてはなかなかの名案だと思いますが」

小寺社長が丸い顔に自信をみなぎらせながらいった。だが、萌実はすげなく首を横に振る。

「それもダメなの。商品の仕入れは〈在庫〉といって『資産』のひとつだから」

そこに柿本がまた口を挟む。

「でも、萌さん。12月中に売れたらその商品の1億円は〈売上原価〉になりますから、『費用』ですよ」

「カッキー。アンタ、バッカじゃないの。12月中に売れたら〈売上〉も発生するんだから、逆に『利益』も増えちゃうじゃない。それとも、1億円で仕入れた商品を1円で売れとでもいうの？」

「す、すみません。そこまで頭が回りませんでした……」

「2手ぐらい先は読んでよね」

今度は栗山課長が口を開く。

「あの、1億円をどこかの会社に投資するとか、お金を貸すというのはどうでしょう……？」

「ブーッ。それもダメ。投資は〈出資金〉、お金の貸し付けは〈貸付金〉といって、いずれも『資産』のひとつよ。仮に投資先や貸付先が倒産でもしたら、回収不能ということで〈貸倒損失〉という名の『費用』になるけど、1週間以内に倒産する会社を見つけるのは至難の業《わざ》ね」

「萌さん。この際、ペーパーカンパニーを作っちゃって、そこに投資して計画的に倒産させるというのは……」

「カッキー！　それじゃまるっきり粉飾じゃないの！　おそらくアイツ、黒田ＣＦＯでもそこまで危ない橋は渡らないわよ」

「そうですね……あっ、そういえば僕、ある会社が利益を減らすためにヘリコプターを購入して、すぐに太平洋上で行方不明にさせたという話を聞いたことがありますけど、それも粉飾になるんでしょうか、萌さん」

「……それは粉飾じゃなくって、きっと都市伝説よ……」

## 費用になる切り札

「うーん、お手上げだ。藤原先生、教えてください。どういうものがすぐに費用になるのでしょうか？」

小寺社長が眉《まゆ》を八の字にして聞く。

「そうねえ。代表的なのは広告費かしら」

「広告費？」

「利益を減らすために、広告を出したり折込チラシを配ったりするのよ」

「ああ、そういえば友人の会社がやっていたなあ。新聞に大きな広告を打っていたので、『どうしたんだよ』と聞いたら、『いやー、利益が出すぎて』といわれたんですよ。あのときは意味がわからなかったけど、こういうことだったのか」

「まだあるわよ。コンサルタントを頼んで多額のコンサルタントフィーを払ったり、大規模な社員研修を行って多額の研修費を計上するとか……ただ、残念なことに、どれもあと1週間では無理ね」

「そうか、1週間では無理か……ほかにはなにかないんですかね？」

小寺社長の八の字がさらに深くなる。

「まあ、禁じ手としてはもう12月の営業をやめちゃう、というのがあるわよ。これなら売上は増えない一方、経費だけはかかるから利益は減るわ。どう？」

萌実の言葉に、小寺社長は即座に首を横に振った。人のいい顔が、経営者の顔つきに変わる。

「それはできません。お客様にご迷惑をかけるようなことは、絶対にしたくありません。それに、うちの信用問題に関わります」

「そのとおりよ。だから禁じ手なの。だいたい、変なマネができないように、会計はうまくできているのよ」

「藤原先生……もっとほかに、ちゃんとした手はないんですかねえ」

小寺社長の眉がまた八の字になった。

「そうね、ありきたりの手だけど決算賞与とかでいいんじゃないかしら」

「特別ボーナスみたいなものですか？」

「その理解で間違ってはいないわ」

「社長、それは名案ですよ！　賞与なら、べつに今月中に払わなくても、来月までに払えば今年の決算に含められます。それに社員みんなも喜びますよ！」

栗山課長は嬉々《きき》としていった。

「えーっと、カッキー。この会社だとひとり当たりどれくらいの賞与になりそう？」

「正社員は50人ですから、ひとり当たり平均２００万円のボーナスになりますね※」

「２００万円!?　それだけあったら、私も車が買い替えられます！」

そう叫んだ栗山課長は、みんなに白い目で見られて、コホンと咳払いをした。

「とにかく、いい手があってよかった。黒田さんもこれを考えているんでしょうか、社長？」

栗山課長の問いかけに、小寺社長は答えなかった。そしてその額には、深いしわが刻まれていたのだった――。

※ちなみに、社員への決算賞与は節税になりますが、役員への決算賞与は節税にはなりません（役員への賞与は節税に使われやすいので規制が多いのです）。

＊

## うまく解決？

その日は、「やはり黒田ＣＦＯがいないと話にならない」ということで、いったんお開きになった。萌実はそのあと地方への出張予定がつづいていたので、1億円の使い道がわかったら柿本に連絡するよう、栗山課長に頼んでおいた。

ところが、それから5日経っても萌実の耳になにも入ってこない。そしてとうとう、1億円を使い切る期限の前日になってしまった。

萌実は東京に戻ってくるとすぐ、監査法人の事務所内でのんびりしていた柿本をつかまえた。

「カッキー、『小寺フードストア』の件はどうなったの？　明日であの会社も仕事納めでしょう。例の期限は明日じゃない」

「あっ。そういえば、栗山課長から連絡がありませんね」

「アンタからは連絡していないの？」

「ええ、便りがないのはよい便り、といいますか。まあ、無事にやっているんじゃないかと」

「——つまり、それはカッキーの推測にすぎないということね」

萌実はジロリと柿本を睨《にら》んだ。

「す、すみませんでした！　いますぐ様子を聞いてみます！」

柿本はあわてて受話器を手にとった。

「もしもし、柿本ですが。お世話になっております――えっ、そうなんですか。それはよかったです」

しばらくして、電話を終えた柿本は萌実に報告した。

「萌さん、『小寺フードストア』の件、どうやらうまく解決したようですよ」

「うまく解決、ってどういうことよ。決算賞与を出すことにしたの？」

「決算賞与については黒田ＣＦＯが反対したそうです。『従業員は一度甘い汁を吸うと翌年からも期待してしまうから、安易に報酬を増やすのは良くない』といって」

「うーん。まあ、それも間違いではないけどね。栗山課長、あんなに喜んでいたのに残念だったわねー」

「それで、黒田ＣＦＯにとびきりの名案があるということで、その案が採用されたようです」

「なによ、その名案って」

「保険っていっていましたよ。てーぞー定期保険とかなんとか」

「逓増《ていぞう》定期保険⁉」

萌実の顔色が変わったのを見て、柿本のほうが驚いた。

「萌さん、どうかしたんですか？」

「……たしかに保険料は『費用』になるし、アイツなら1週間で加入できる保険屋を手配できるでしょうけど。でも、ホントにふざけるんじゃないわよ！　だから、使い道が決まったらすぐに連絡するようにっていったのに！」

## 節税保険の性質

「萌さん、その保険ってよっぽど問題なんですか？」

「保険に問題があるっていうか、利益演出に『保険を使う』っていう考え方が危険なのよ」

「でも、保険ならどの会社も入っていますよ。『小寺フードストア』だって先日、保険の見直しをして保険料を安くしてもらったばかりだったじゃないですか」

「だ・か・ら、危険なのよ。すでに入っている保険で十分なんでしょう。それなのに利益演出のために、重ねて保険に入った。本来、入る必要のない保険にね」

「そういえば、保険は節税対策になるってよくいわれていますよね」

「そうよ。いわゆる『節税保険』は、解約すると払い込んだ金額の大部分が解約返戻《へんれい》金《きん》として戻ってくるから、ある意味、定期預金としての性質も持つの」

「つまり、保障と預金の一石二鳥みたいな感じなんですね」

「利益があるときに保険に入って、損失が出たときに保険を解約すれば、赤字を穴埋めできるだけでなく、税効果により一時的に納税額を減らすこともできるのよ」

「だったら、いいことずくめじゃないですか」

「そうね。そういう理由で節税保険は昔から人気だったんだけど、こんな節税を国税庁が見逃すわけもないから、年々規制が厳しくなっているの※。ただ、法の目をかいくぐった節税保険はまだいくつか存在しているっていうわけ」

「それじゃ、今回の逓増定期保険もそのひとつというわけですか」

「そういうこと」

萌実はため息をついて、つづけた。

「広告費や決算賞与だったら短期的な問題だから、そんなに心配しなくてもよかったんだけど。保険となるとそうはいかないわ……」

「というと?」

「保険は長期的な問題に関わるの。会社が会計上の長期的な問題を抱えると、取り返しのつかないことになりかねないわ。いわゆる会計の縛りが発生して、会社の存続にも関わってきちゃうのよ」

「会計の縛り？」

「将来のお金の使い道が、会計のせいで縛られてしまうことよ。お金だけに、金縛りとでもいうべきかしら」

「……」

「――。と、ともかく、こうしちゃいられないわねっ」

萌実はそそくさと事務所を出て行った。萌実のダジャレに、それこそ金縛りにあっていた柿本もあわてて追いかけた。
※これまで全額損金に認めていたものを、「半分は損金ではなく、資産として計上しなさい」とする、つまり全額損金にはさせない規制が、年々強化されています。

## 自称天才との対決

萌実は「小寺フードストア」のオフィスに入るなり叫んだ。

「黒田！　黒田はどこにいるのっ！」

「萌さん、いくらなんでもＣＦＯを呼び捨てって……」

柿本は目を丸くしたが、萌実はおかまいなしだ。

「今日はいるんでしょう。出てきなさいよ、黒田!」

「――ほう、藤原さんじゃありませんか。僕は逃げも隠れもしませんよ。それにしても、あなたはあいかわらず元気ですね」

「黒田、聞いたわよ。1億円の使い道……!」

「そうでしょうね。聞いたらすごい剣幕《けんまく》で乗り込んでくることはわかっていたから、あなたたちには連絡させなかったんですが」

「アンタって人はどこまでも……ということは、今度の保険がなにを意味するかわかっているんでしょうねえ」

「ああ、もちろんです。〝天才〟CFOにわからないことなど、なにひとつありません」

「バッカじゃないの。〝自称天才〟の間違いでしょう」

「ふん、あなたはあいかわらずですね。昔はずいぶんと僕に説教をたれてくれましたが、いまでは僕は上場企業のCFO、かたやあなたはしがない監査法人の職員なんですよ。雲泥の差だということをわかっているのですか」

「知らないわよ、そんなこと。それより保険よ!」

「保険の件は、小寺社長にも納得してもらっていることです。いまさらあなたがなにをいおうと、どうにもならない。もし、本気で首をつっこむつもりなら、それは経営判断への口出しですよ。外部の人間にそこまでする権利はないはずです」

「……わかったわ。でも小寺社長には会わせてちょうだい。それくらい、監査人《かんさにん》として権利はあるでしょう」

黒田CFOはフンと鼻を鳴らすと、萌実と柿本を社長室へと案内した。

## 9割戻ってくるカラクリ

「小寺社長、今回の保険の説明はちゃんと受けたの？」

「ええ。私にかけた生命保険のことですね。さすが我が社自慢のCFO、いい保険を知っていて……もし私が死んでも、会社が困らないくらいの多額の保険金が会社に入るそうなんです」

「30億円もの保険金が入ってくるのですよ。とてもお買い得な保険でしょう、藤原さん」

黒田CFOがニヤリと笑った。

「毎年1億円も保険料を払えば、それだけの保険金になるのはあたりまえよ。——つまり、これから毎年1億円もの保険料を払いつづけるのよ。経営的にもたいへんになるってわかっているの、社長?」

社長の眉が少し八の字になった。社長の代わりに黒田CFOが口を開く。

「あなたもわかっていませんね。それはがんばって売上を増やすしかないのです。まあ、保険料が払えなくなったら、途中で解約すればいいのですから」

「2、3年で解約したら半分も返ってこないじゃないのよ! 1億円の保険料を払って5000万円しか返ってこなかったら、ホント大笑いよ」

「しかしですね、藤原さん。今回の保険は5年目に解約すれば、そのほとんどが解約返戻金として戻ってくるのです。計画的にすれば問題ありません」

〈ある逓増定期保険の解約返戻率〉

| | |
|---|---|
| 1年後 | 17% |
| 3年後 | 54% |
| 5年後 | 90% |
| 7年後 | 87% |

| | |
|---|---|
| 9年後 | 73% |
| 11年後 | 49% |

「でも、9割ぐらいが限度でしょう。5年間払えば、5000万円の支出よ」

〈年1億円の保険を5年後に解約する〉
『1億円×5年分×解約返戻率90%＝4.5億円
支払5億円－受取4.5億円＝5000万円』

↓　5年間で5000万円の支出

「『9割戻ってくる』といったら聞こえはいいけど、実質は『5000万円の支払い』よ。言い方でずいぶんと印象が変わってくるけど、このへんは、ちょっとした数字のマジックね」

「そうか、5000万円の支払いか……」

小寺社長はちょっとショックを受けた様子だった。

「それに、この５０００万円の支出には、目に見えない悪影響だってあるわよ」

「どういうことですか、藤原先生？」

「ふだん、どんなに細かい金額のコスト削減に精を出していたとしてもね、利益演出のためだけに５０００万円――１年あたり１０００万円も使ってしまうのよ。そんなこと知ったら、社員のコスト削減意識だって失《う》せるわ」

　萌実の言葉に、黒田ＣＦＯが反論した。

「ふふっ、それは問題ありません。そんなことを社員に知らせる必要はないのですから。社員の士気《しき》をダウンさせるような数字はわざわざ公開すべきではないのです」

「アンタ、この会社を上場させたんでしょう？　上場したら情報公開は避けられないわ。いっていることと、やろうとしていることが矛盾しているじゃないの」

「僕は、たとえ上場しても隠すべきところは可能なかぎり隠しますよ。それが経営というものでしょう」

「都合のいいように経営って言葉を使わないでくれる？　それに、保険料が１億円なんて決算書に出たら、ひと目で不自然だってわかるわ。そうそう隠しとおせないわよ」

「フン、そんな細かいところを気にする投資家や社員がどれだけいますか？」

「……アナリストの目はそこまでフシ穴じゃないわよ」

「でも、なんとでも言い訳はできますよ。言葉は便利です。言葉は数字をくつがえすことができますから」

「──まあ、現実を考えるとそれも一理あるかもね。でもね、そんなやり方、いつかは破綻《はたん》するわよ」

## 将来への影響、会計の縛り

「でも、藤原先生。私がもらった資料には、5年目に解約すれば140%戻ってくると書いてありましたよ。結局、得をするんじゃないんですか？」

小寺社長が指摘した。

「それは『実質返戻率』のことね。税金の話だからちょっとむずかしくなるけど、これも数字のトリックよ。この実質返戻率っていう数字は、5年後の解約返戻金4.5億円にも税金がかかるっていうことを計算に入れていない数字なの」

「どういうことですか？」

「解約返戻金4.5億円だって収益なんだから、全額が懐《ふところ》に入るわけじゃないわ。4.5億円に40％の税金がかかるとすると、1.8億円は国に納めなきゃいけないのよ※。戻ってきたお金にも税金がかかるっていう、そんな当然のことを計算に入れていない作られた数字が実質返戻率なの」

「そ、そんな数字だったんですか……」

※そのため、解約返戻金が戻るときに、計画的に「役員退職金」などの損失を出して収益と相殺《そうさい》させることで、税金を払わない方法をとることもできます。しかし、上場企業がこのような目的で計画的に損失を出すことは実質不可能であり、非上場企業であっても損失を出すのが1年でもズレれば税務メリットは受けられないので、慎重に計画を進めなければなりません。

「そもそも、今回の逓増定期保険だと5年後には解約しなければならないんだから、5年後の決算では4.5億円の雑《ざつ》収入が発生するわ。右肩上がりの成長を演出しつづけるためには、5年後の4.5億円の利益増加も見越した利益計画を立てなければならないのよ。このことに気づいていてた？」

萌実の言葉に小寺社長は驚いた。お金が戻ってきたときのことなど、まったく頭になかったのだ。今回、1億円の利益を調整するのにもこの騒ぎだったのに、4.5億円もの利益が過剰に発生してしまったら、どうなるのだろうか。小寺社長は不安になった。

「4.5億円の利益を調整するために、また保険にでも入るつもり？　今度は年間1億円の保険料じゃ、すまないわよ」

ところが黒田ＣＦＯは萌実の指摘を笑い飛ばした。

「僕は〝天才〟だから大丈夫です。それを織《お》り込んだ計画を作りますよ」

「そんな利益計画に縛られた経営が、これからもつづけられると思っているの？　利益が増えすぎたらおさえる、少なすぎたらつけ足す、そんな作り物の経営は長続きしないわ。そんなことのために、ムダな労力やお金が消費されるのよ。会計の縛りのせいで、会社を疲弊《ひへい》させるだけだわ」

「あいかわらずわかっていませんね、藤原さんは。そこがＣＦＯの腕の見せどころじゃないですか」

「逓増定期保険はもう国税庁に目をつけられているって、アンタも知っているでしょう？　全額損金が認められなくなるのも時間の問題よ。もちろん、税務上認められないものは会計上も認められないわよ」

「そんなことぐらい、わかっていますよ。でも、僕は死ぬ気でこの会社を上場させたのです。株主を失望させるわけにはいきません。上場した途端に業績を悪化させたほかの会社とは、違うのです！」

「まあ、その心意気だけは立派だけどね」

「必死な人間はなんでもしますよ」

「アンタ、まさか……」

萌実は黒田ＣＦＯをじっと見た。しかしそれ以上は言葉にせず、小寺社長に向き直った。

「社長、保険に入ることに、本当に後悔はないのね」

小寺社長は困ったように首をかしげた。

「――さっきから聞いていると、まるで保険が悪者のようですが……でも今回は危険を避けるために６社の保険会社に分散しているし、どの会社も大手ですよ」

萌実は、社長が突然、分散だの大手だのと言い出したことに眉をひそめた。おそらく、黒田ＣＦＯに説得されるときに、そのようなことをいわれたのだろう。

「ふーっ。黒田、このへんの説明は社長にちゃんとしといたほうが、今後のためよ」

黒田ＣＦＯはそっぽを向く。萌実は、小寺社長の目を見ながら話した。

「あのね、社長。保険会社を分散させているのは、単に、保険金には上限があるからよ。30億円の保険なんてかけるには、分散させるしか方法はなかったの」

「なるほど、そういうことですか。でも、大手だし、怪しげな保険だったら、扱わないんじゃないでしょうかね」

社長がすがるように発する「大手」という言葉にも、萌実は首を横に振った。

「大手生保だって、商売だもの。節税目的・利益演出目的だとわかっていても、望まれたら保険を売るのよ。ほら、大手電機メーカーが『マイナスイオン』をウリにしたドライヤーとかを売っているのと同じよ。あれは消費者が望むから、そういう商品を作っているのよ。マイナスイオンの効果自体が疑わしいのにさー」

「そ、そうなんですか。そのたとえはよくわからないけれど、おっしゃりたいことはわかりました」

「それじゃ、社長。もう一度聞くわよ。保険には入るの、入らないの？」

小寺社長はしばらく八の字眉で考えたあと、おもむろに口を開いた。

「藤原先生、私は――」

＊

## 正解はどっち？

「小寺フードストア」からの帰り道。

「萌さん。結局、小寺社長の結論は明日になってしまいましたね」

「そうね。どうするかは正直わからないわね」

「どうしてですか!? たしかに黒田ＣＦＯのほうが上場させたという過去の実績は大きいかもしれませんが、意見は萌さんのほうが正しいじゃないですか」

「――それはアンタの身びいきというものよ。経営なんて、あとになってみないとなにが正解かなんてわからないんだから。性急《せいきゅう》に結論を出さなかった社長の判断は賢明だったと思うわ。今後の経営を左右する大事な問題なんだから、１日しかないけどじっくり考えるべきよ」

「……でも、本当に保険を使うとしたら、会計の縛りのせいで、『小寺フードストア』の経営はこれからたいへんですね」

「そうね、今回の場合、保険を使うってことは、そういう作られた道に進むって宣言するようなものだからね。一度その道に足を踏み入れたら、二度と降りることはできない。降りてしまえば、株主や市場の信頼を一気に失うからね。でも、うまく切り抜けられたら、株主にとってこんなにすばらしいことはないのよ」

「………」

「カッキー、私たちは会計士だから……あ、黒田のヤツもそうか。えーっと、私たちは監査法人の会計士だから、どうしても未来に不安を残すような会計処理は認めたがらないけれど、企業にとって、チャレンジすることが必要なときはたしかにあるのよ。小寺社長が経営者としてその道を選ぶのだとすれば、あと私たちにできることは、不正な処理がないように見守るだけよ」

「……まあ、結局、降りられない道の運転をするのはCFOなんですから、苦労するのは黒田CFOだということですよね」

「さあ、それはどうかしら。〝天才〟って自分で名乗っているヤツだしね」

「えっ、どういうことですか⁉」

「このまま上場後の業績が順調に伸びれば、いずれいいタイミングで辞めるでしょうね。上場させ、業績も伸ばしたという実績を手土産にね。そのあとの利益演出については、また別の人が苦労することになると思うわ。アイツは〝天才〟と〝ズルがしこい〟の意味を履《は》き違えているのよ」

「えーっ！　それじゃ、苦労を未来に押しつけようとしているんですか⁉」

「でも、苦労を未来に押しつけるのは経営の常《つね》よ。粉飾事件にしても、たいてい最初は『一時的に損失を隠しておいて、あとで業績がよくなればもとに戻そう』と思っていたのよ。それが業績も回復しないまま、損失が膨れあがってしまってどうしようもなくなってしまった」

「そんな経営の常、いいわけありません――それにしても、もし保険に入ることを選択したら、被害者は会社、つまり小寺社長自身だということですか？」

「小寺社長は自分で判断するんだから、その責任は自身で負うでしょうよ。アイツに騙されてたとしたら被害者だけど、今回の場合、私たちがちゃんとデメリットも説明したからね」

「そうですね……」

「上場したばかりの企業に行くと、『良くも悪くも、会社が変わってしまった』って社員の人がよくいうでしょう。これには、会計にもその責任の一端があると思うわ。計画どおりの実行、制約されたビジネス、利益を演出するための不毛な労力。ベンチャー企業らしい良い面が、ここで失われることもあるのよ」

「ふうーっ。経営ってたいへんだなあ。それに、社長業もたいへんですね。責任重大だ」

「なにをいまさらいっているのよ。まあ、どういうことになっても私たちにできるかぎりのことはしましょう」

「萌さんにしては、怒っていないというか、優しいですね」

「そう？　うーん、そうねえ。強いていうなら、あの小寺社長の八の字眉毛をムムッと深くさせて困らせるのって、ちょっと快感なのよねー」

「……オ、オニがいますよ。ここに」

＊

なお、これはいまから少し前のお話である。「逓増定期保険」は、２００７年12月26日に国税庁が『「逓増定期保険」の新たな税務取扱（案）』を発表したこともあり、もはや新たには節税や利益演出目的で実質使用できなくなった。

ただ、利益演出に使用できる「節税保険」や「節税リース」などは、まだ存在している。

## 《ケーススタディ①のまとめ》

### 「利益演出」

- 「利益演出」＝合法的に利益を増減させること
  →事実だけれど意図的に動かされた数字

### 「利益演出」がはびこる理由

理由①　「計画作成能力」を問われるから
　→「計画どおり」である必要がある
理由②　「成長性」が求められるから
　→常に一定の成長率で伸びる必要がある
　　⇒演出してでも実現させないと株主に迷惑がかかる

### 同じ１億円でも大違い

- 売上の１億円 — 簡単
- 利益の１億円 — 大変
  →１億円の利益を出すには、それ以上の売上が必要だから
  〈代表例〉「100円の粗利を出そうと思ったら、400円は売り上げないとムリ」

### 「費用」と「資産」の違い

- 「費用」＝使ってなくなるもの
  →利益を減らし、節税にもなる　〈代表例〉備品、広告費
- 「資産」＝長年使われる財産
  →利益の増減には直接関係ない。減価償却を行う（330ページ参照）
  〈代表例〉不動産、在庫
  ※ただし、長年使うものでも、10万円未満なら税務上は「費用」

### 利益演出に使われる「節税保険」とは？

- 「節税保険」
  →利益があるときに入り、損失が出たときに解約
  →解約返戻金で赤字を穴埋め→税効果により納税額を減らす
- 「節税保険」の性質 — 定期預金に近い
  →計画的に解約しなければ大損
  →長期的な問題になるので、会計の縛りが発生

### 会計の縛り

- 会計上の長期的な問題（保険を使った長期にわたる利益演出など）
  —利益が増えすぎたらおさえる、少なすぎたらつけ足す
  →作られた道を一度進みはじめると、二度と降りられない
  →ムダな労力やお金がかかる→会社が疲弊
  ※しかし、うまく切り抜けられれば誰もが喜ぶことに

### 粉飾事件の真相

- 一時的に損失を隠して、あとで業績がよくなればもとに戻す予定
  →業績が回復しないまま、損失が膨れあがる

## 私たちは計画のなかで生きている

ケーススタディ①では、「小寺フードストア」という会社でくり広げられた会計の縛り、言い換えれば計画の縛りについて読んでいただきました。そして、これからお話しするのも、その〝計画〟についてです。

私たちは計画を立てるのが大好きです。

今度の休みはどうしよう、何年後には家を建てようといった個人的な計画から、来年の売上目標はいくらにしようといった会計的な事業計画まで、さまざまな計画のなかで私たちは生きています。

それは、将来への不安を払拭《ふっしょく》し、目標を定めるのに役立つでしょう。

しかし、人生でも経営でも、計画どおりにいかないことはよくあることです。むしろ、そのほうが多いかもしれません。

そのときに、いったいどうするのか？

計画をなかったことにして、新たなスタートを切るのか。計画に合わせて整えた環境や過去に行った投資を捨てられずに、なんとかつじつまを合わせるのか。

この章では、「禁じられた数字」を生む土壌のひとつである、計画について考えていきましょう。

## 計画信仰

さきほどのケーススタディは、計画があるから、その計画どおりにするために「作られた数字」を生み出した会社の話でした。

計画の数字が、「予定は未定だから、ズレたら変えればいいや〜」という程度の気楽なものだったら、特に問題はないでしょう。

個人のダイエット計画なら、「夏までに5キロ痩《や》せるっていったけど、やっぱり秋までに……」といったことはよくあることです。

ところが、ビジネスの世界では、そういった安易な計画変更は認められません。

**特に近年、緻密《ちみつ》な計画を立て、そのとおりにビジネスを展開させることの重要性が増しています。**

それは、「計画信仰」といってもいいくらいのものです。

たとえば、金融機関が企業にお金を貸すときの、いわゆる「融《ゆう》資《し》審査」。

バブル経済の頃までは、土地や株式さえ担保に出せば借入《かりいれ》ができる担保至上主義でしたが、バブル崩壊後は、担保の代わりに「将来的に返済できるかどうか」を審査されるようになりました。

具体的には、「事業計画」がちゃんと立てられていて、その計画どおりにビジネスが展開されているかどうかが重視されるようになったのです。

また、株式上場時の審査でも、事業計画とその実行性は重視されます。

さらには上場後も、企業や経営者への評価において、計画そのものが重要なモノサシとなるのです。

ケーススタディの「小寺フードストア」の場合は、上場直後なので、よりこうした評価に敏感になっていました。

**説得力のある計画がなによりも問われる時代――これは、中小企業・大企業、上場企業・非上場企業の別に関係なく、すべての企業についていえることなのです。**

## ビジネスの自由を奪う2つのもの

私が知っているある不動産会社は、2007年に東京の地価がどんどん値上がりした際、手持ちの不動産を積極的に売りたかったのに、半年ほど売ることができませんでした。

それは、なぜでしょうか？

実は、その不動産会社は近い将来の上場を考えている会社だったのですが、上半期の時点でその年の利益目標を達成してしまっていたのです。

つまり、儲けすぎると翌年以降の目標達成がつらくなるので、売りたい不動産をあえて売らなかったのです。

これは、「小寺フードストア」が利益を抑制しようとしたのにとてもよく似ています。

これらは、計画信仰の弊害の典型的な例です。

ところで、これらのケースでは、「前年比」が基準になっていることにお気づきになりましたか？

評価というのは、「前年比〇〇％」など、前年が基準になる場合がよくあります。前と比べるというのは、モノサシとしてとても単純でわかりやすいので当然です。

そして、ほとんどの場合、「前よりも良くなる」ことを期待されます。

たとえば売上なら、売上100億円の会社には、翌年は120億円ぐらいを期待したくなるものです。

しかしこれは、経営者の側から見てみれば、「売上100億円を達成すると、翌年は120億円を期待されてしまうから、今年は80億円ぐらいにとどめておいて、来年100億円を目指そう」ということにもなります。

計画信仰がまかりとおっている現在では、こうした抑制意欲はより働きやすくなるでしょう。**ある年に突出した売上が出るよりも、少しずつでも前年より上がっていくほうが、計画信仰では価値があることだからです。**

それは、まさに「作られた数字」です。

そして、「小寺フードストア」の例にもあるように、上場を考えている会社やすでに上場した会社では、計画の妥当性だけでなく、会社の規模を年々大きくしなければならないという「成長性」も問われます。

しかし、成長できるかどうかというのは、その年の好不況・社会情勢・経営環境に大きく左右するものです。特に、土地の売買をしている会社などは、その年の土地相場が大きく売上にも影響するので、つぎの年に前年よりも売上が上がるという保証はまったくありません。

テストが80点の子に、「つぎはがんばって90点をとりなさい」というのとはわけが違います。にもかかわらず、244ページでお話ししたような、根拠のない予測数値を事業計画書に載せて、平然と成長性を主張するような会社も出てきます。

**つまり、計画信仰や成長への圧力が「作られた数字」「根拠のない数字」を生み出してしまっているのです。**

ビジネスは自由なので、戦略的に売らない、戦略的にムリして売るというのもたしかにアリでしょう。しかし、これでは、計画や成長がビジネスの自由さを奪ってしまっています。

はたしてそれは、いいことなのでしょうか？

さて、ここまで計画と成長の話をしましたが、成長の考え方は計画のなかに常に含まれていますので、これから先は計画についてより詳しく考察していきます。

## 変化の激しい時代

製造業などの第二次産業が中心だった時代は、供給よりも需要が大きく、いまと比べ、作れば売れる時代でした。

そのため、いかに原材料を集め、どうやって組み立て、どのルートで販売するのかという計画は非常に大切であり、かつ比較的ブレの小さいものでした。

ブレが小さければ、売上の予想も立てやすくなります。

また、事業環境が変化するとしても、それは5年、10年単位の話であり、すぐにどうすればいいという問題ではありませんでした。

しかし、いまはサービス産業が中心の時代です。さらに、グローバル化も進み、環境の変化は昔とは比べものにならないくらい速くなりました。

そういった変化の激しい時代に、はたして計画の必要性はどれくらいあるのでしょうか？

社会主義国家ですら、「計画経済」はとうの昔に放棄しています。

たしかに、お金を出す株主や銀行にとっては、なにかしらの基準が必要です。

そういう意味では、「今後こうなりますよ」という未来予想図、すなわち事業計画から導き出される業績の予想は、なくてはならないものかもしれません。

**しかし、以前よりも計画がむずかしくなった環境で、以前よりも計画が重視されているという現状は、どう考えてもムリがあります。**

そのムリが、「小寺フードストア」や前述の不動産会社から、ビジネス本来のダイナミズムを奪っているのです。

## 予想はウソよ

このように、いまの時代は規制緩和・ニーズの多様化・産業のグローバル化など、さまざまな要因のなかで、どんな業種であっても安定した環境は期待しにくくなっています。

ですから、企業としては毎月、毎週でも、環境の変化に合わせて計画を修正していきたいぐらいです。しかし、計画信仰があるがゆえに、そう簡単には計画を修正できません。計画の修正は、計画を作った人の責任問題にも発展するからです。

また、修正をくり返していては、「計画作成能力のない会社」というレッテルを貼られ、信用を失ってしまいます。

こういった話はケーススタディでも出てきました。263~264ページの「『計画作成能力が欠如した会社』と評価される」「上場直後の業績修正なんて、アイツ、黒田CFOのプライドが許さないでしょうね」というあたりです。

一方で、株式市場では、事業計画をもとに発表される「業績予想」の不正確さが問題になっています。

つまり、予想と実績が違う会社があまりにも多い！　ということです。

それは、なぜなのか？

いくつか原因がありますが、いちばんの原因は、多くの会社が（本当の予想より）低めの数値を発表しているからです。

業績に大きな影響を与える為替《かわせ》や原油の相場が読みづらいのに、一度発表した数値を下方修正すると投資家の非難の大合唱で株価も急落するので、あらかじめ低めに見積もっておこうとするのです。

また、なんだかんだいっても上方修正を行うと投資家からのウケはいいので、わざと年のはじめは低めの業績予想を発表しておいて、あとで上方修正を立てつづけに出す会社もなかにはあります。

本音がいえない（いわない）業績予想は、いったいなんのためにあるのでしょうか。

まさにこれは、意図的に「作られた数字」なのです。

ある優秀な女性投資家は、「（業績）予想はウソよ」と公言しています。

私がなぜかと聞くと、つぎのように答えました。
「だって、これまで裏切られつづけてきたもの。それに、予想（ヨソウ）は逆から読むとウソヨだしね――」

## 計画の縛りは会計の縛り

企業の綿密《めんみつ》な事業計画も、それをもとにした業績予想も、社会からは必要とされているものです。

社内・社外を問わず、会社の未来はぜひ知りたい情報だからです。

とはいえ、いまの時代にそれらを計画信仰といえるくらい重要視することについては、私ははなはだ疑問に思っています。

計画の縛りは、会計の縛りでもあります。

**ビジネスに使われる計画が強い力を発揮するのは、はっきりいってしまえば、そこに会計が使われているからです。**

たとえば、事業計画には必ず「利益計画」も含まれていますが、これが「前年より利益をちょっと増やす」といった程度のアバウトなものだったら、計画信仰にまでは発展しないでしょう。

しかし現実には、「3年後の利益60億円」「5年後の利益6.4倍」など、利益計画には具体的な数字が使われているのです。

そこには、第1部で説明した「数字の暴力性」が生まれています。

再びダイエットの例でいうと、「夏までにちょっと痩せる」と「夏までに5キロ痩せる」では、どちらのプレッシャーがより強いかは一目瞭然《いちもくりょうぜん》です。

数字は言葉と違ってごまかしがきかないので、5キロ痩せるといえば、5キロ痩せないかぎり、計画は達成されないのです。

## 計画への不満

さてここからは、企業単位ではなく、ビジネス単位、個人単位の計画について少し考えてみましょう。

あなたはつぎのような場面を仕事上で見たことはありませんか？

「1年間の予算計画を作るために1年以上かかる」（ムダな時間の発生）

「事業計画の前提となる市場予測がわずか2カ月ではずれた」（計画の早期破綻）
「失敗はイヤなので、リスクを果敢《かかん》にとるような計画は作れない」（計画が挑戦を阻害）
「予算計画では声が大きい部署に多くのお金が配分される」（大局的な視点の欠如）
「どの部署も削減されたときに備えて、予算を多めに申請しようとする」（不正確な計画）
「来年の予算を確保するために、予算を使い切る行動に走ってしまう」（ムダ遣いの発生）

いずれも、計画にまつわるビジネス上の弊害です。

最後の例は、特に官公庁などで耳にする話かもしれません（年度末の道路工事ラッシュなど）。

知り合いの地方公務員によると、福祉の部署にいたときは「福祉の予算を減らすのは市民のために良くない」という使命感のもと、予算を使い切るためにいろいろとがんばっていたそうです。そして、経理関係の部署に移ったあと、「税金を使って、なんてムダなことをしていたんだろう！」と後悔したといいます。

これも、やはり計画の弊害といえるでしょう。

また、知人の会社では最近、流行《はや》りの成果主義がとりいれられ、社員は年度のはじめに必ず数値入りの個人目標を立てさせられるようになりました。もちろん、年度末には、どれくらい目標が達成されたのかが見られます。

上方にブレる分には問題ないのですが、下にブレたときは問題になるので、そもそも目標数値を低めに設定する人が多いそうです。

それは人間として当然の心理でしょう。なんだか、業績予想を低めにする上場企業の話に似ています。

もっと問題なのは、仕事の内容うんぬんより、ノルマをクリアできるかどうかが最優先課題となってしまい、みんなすぐに結果（数字）に結びつく短期的で簡単な仕事しかしないようになってしまったことだといいます。

これも、当然といえば当然の結果ですが、まさに計画の弊害でしょう。

計画があるかぎり、目先の問題に目を奪われるのは仕方がないことなのです。

## 10カ月で会計士になった勉強法

ここまでの話をまとめると、

●結局、企業にしろ個人にしろ、計画は弊害のほうが大きく、あまり意味のないことなのではないだろうか

●計画は、「作られた数字」や「根拠のない数字」を生み出す土壌になっている、すなわち「禁じられた数字」を生み出しているのではないだろうか

というのが私の考えです。

**その大きな理由は、すでに少し述べたように、「計画は環境の変化に対応できないから」です。**

私ごとで恐縮なのですが、「計画は環境の変化に対応できない」ことについての経験をお話ししましょう。

私は2～5年の勉強が必要とされる公認会計士二次試験に、10カ月の勉強で受かりました（当時、新卒で入った会社をたったの2カ月で辞め、無職の崖っぷちにいたか

らなのですが）。

**勉強をはじめる際に私が気をつけたことは、「計画は立てない」ということです。**

予備校の人に聞いたところ、通常は最初に2カ年計画、3カ年計画などを立て、「1年目の冬まではとにかく基礎を」というように計画的に勉強をするそうです。

しかし、私はそうはしませんでした。

「2、3年もすればまわりの環境が変わってしまうに違いない」と考え、絶対に1回目で合格しようと決心し（会計士試験は1年に1回）、がむしゃらに、それこそ1日18時間くらい勉強したのです。

基礎も応用も関係なく、試験範囲をなにも考えずに隅から隅まで覚えました。とても計画的な勉強法とはいえません。

ビジネスの世界は環境の変化が激しいというお話をしましたが、程度の差こそあれ、それは個人でも同じことです。

私の場合、試験勉強は実家に帰ってしていたのですが、まず家庭環境について考える必要がありました。親がいきなり病気になる可能性もあれば、諸事情で援助が受けられなくなる可能性もあります。

また、試験制度が変わってしまう可能性もあれば（実際に数年後、大幅に変更されました）、そもそも自分のモチベーションが維持できなくなってしまうこともあるでしょう。もちろん、私自身が身体を壊す可能性もあります。

そういった未来の環境の変化を考えたとき、実現可能性の低い〝〇カ年計画〟を立ててコツコツやるより、環境の変化がないうちに一気に目標を達成してしまったほうがいいだろうと思ったのです。


人生に対して計画を立てるのも同じことです。

計画は環境の変化に対応しづらいので、実際に計画どおりにいくことはまれです。それなのにわざわざ計画を立てるというのは、「そうなったらいいなあ」という願望をカタチにしているにすぎないのではないでしょうか。

計画を立てるのが好きな人はまわりにも多くいます。しかし、「計画を立てているときがいちばん楽しくて、実行するときには醒《さ》めている」という人もけっこういます。旅行の計画などにはありがちだと思いますが、そういうパターンの人は、単に未来を夢想するのが好きだということなのでしょう。

そのように計画が趣味というのならいいのですが、単に願望を紙に書いているだけの計画なら、そもそもそんな計画は立てなくてもいいのです。

## 「計画」より「カード」の時代

私は、20年後も、いまのような計画信仰がつづいているとは思いません。

ちょっと前の話なのですが、クレジットカード「ライフカード」のテレビCMのなかで、サラリーマン役のオダギリジョーさんが派閥争いで決断を迫られ、「どーすんの!? オレ」と心のなかで叫びながら、「保身」「信念」「保留」といった数枚のカードから1枚を選ぼうとする――というシーンがありました。

この姿はとても印象的だったのですが、これは「右肩上がりの成長が期待できない現代サラリーマンならではの姿」を表したものだと私は思いました。

つまり、進むべき道がいつもひとつだけなのではなく、常に選択肢がいくつかあって、そのなかで自分の環境に応じたものを選択するという姿が、いまの時代を象徴している、と思ったのです。

社会の激しい変化を考えると、これからは、「計画」よりも「カード（切り札）」の時代になっていくのではないでしょうか。

環境がこっちに変化したらこのカード、あっちに変化したらあのカードというように、**環境の変化に応じたカードをいくつ持っているのか、ということが真っ先に問われる時代が来るということです。**

たとえば、自動車メーカーであれば、自動車の需要が減少したらどういうカードを切り、石油が極端に高騰《こうとう》したらどういうカードを切るのか。総合出版社であれば、マンガやファッション誌が売れなくなったらどういうカードを切り、ネットがより良質な情報を提供するようになったらどういうカードを切るのか。計画ではなく手持ちのカードの枚数によって、銀行や投資家も企業を判断するようになればいいと私は考えています。

## グラビアアイドルに学ぶ「カードの切り方」

芸能界には、カードを使うことに長《た》けた人が実に多くいます。

たとえば、グラビアアイドルがそうです。

彼女たちは、ビジネス界以上に変化の激しい芸能界において、自分が生き残るためにうまくカードを増やし、切っています。

グラビアの世界は超過当競争です。ちょっと人気が出たからといってボーッとしていては、すぐにつぎの若い世代にとってかわられます。似たり寄ったりの人材はいくらでもいるのです。

そこで、まだ水着で雑誌のグラビアを飾っているうちから、話術を磨いたり、演技の勉強をしたりして手持ちのカードを増やし、いざテレビ出演などのチャンスが訪れたときに、そのカードを切ってみせるのです。

バラエティ番組にパッと出てきたグラビアアイドルが、いつの間にか司会業をきっちりこなしていたり、女優に転身してブレイクしたりするのはよくあることです。

もちろん偶然の要素もあるでしょうが、彼女らは「司会ができる」「演技がうまい」「ツッコミが芸人並み」「ブログを日々更新」「ゴルフを極めようとする」など、「グラビア」以外のカードをうまく切ったからこそ成功しているのだと思います。

**こうやってカードをそろえて、状況に合わせてカードを切っていく考え方は、個人にしろ企業にしろ、有効なやり方ではないでしょうか。**

## 脱予算経営

とはいえ、個人ならまだしも、日々、競争のなかにいる企業にとっては、いきなり「カードをそろえろ」といわれても、「そんなの急には無理だ」といったことのほうが多いでしょう。

その場合、「環境の変化に対応できるように計画の姿を見直す」というのもひとつの手です。実際、従来型の計画の弊害や限界に気づき、新たなやり方を模索している企業も数多くあります。

たとえば、計画の典型である予算計画でいえば、3カ月に1回予算を見直す「ローリング予算」や、前年の予算に引きずられない「ゼロベース予算」の実施がそうです。ローリングにしろ、ゼロベースにしろ、予算作成の手間ひまは従来以上にかかるのですが、計画を変化に対応できるものにする、ひとつの有効な手段だといえるでしょう。

私の事務所で働くアルバイトのなかに、管理会計をゼミで学んでいる大学生がいるのですが、先日、彼女に「いまなにを勉強しているの？」と聞いたところ、意外な答えが返ってきてたいへん驚きました。

「そうですねぇ……経営戦略とかですね」

「えっ、管理会計のゼミなんだから原価計算とかじゃないの？」

「いいえ、あんまり昔ながらの会計的なものはやってないですよ。最近では、脱予算経営っていうのも勉強しました」

私にとっては衝撃でした。

私の知らない間に、会計に反旗《はんき》をひるがえしたともいえる「脱予算経営」を、管理会計のゼミ生が学んでいたなんて……。

脱予算経営とは、思い切って予算計画を廃止した経営のことです。

まだ海外での事例なのですが、スウェーデンの銀行やフランスの化学メーカーなどが実施しています。

予算計画を廃止した代わりに、ＫＰＩ（Key Performance Indications＝重要業績達成指標）などの新たな基準を作っているのです※。

**このように、ビジネスの世界では、計画信仰からの脱却が徐々に進んでいるのです。**

※KPIとは、目標に向けてのプロセスの進捗《しんちょく》状況を調べるために、達成度合い（パフォーマンス）を定量的に示したもの。よく最終目標として使われる「売上高」「利益率」「成約件数」などではなく、「在庫水準」「品切れ率」「製品化までの時間」「解約件数」「顧客訪問回数」「従業員離職率」といった中間的な目標がKPIになります。これを日次・週次など一定期間ごとに実績数値を出して、プロセスの進捗状況を管理するのです。脱予算経営のくわしい内容については、『脱予算経営』（ジェレミー・ホープ、ロビン・フレーザー著／清水孝監訳）をご覧ください。伝統的な予算管理制度を廃止し、絶対的な目標ではなく、「同業他社比較」といった相対的なKPIを設定し、変化に応じてKPIも変えていくといった環境適応型の組織の話が掲載されています。

## 10年後の自分は知らない

取材でたまに、「10年後はなにをしていますか？」と聞かれるのですが、私の答えはいつも「10年後は10年後に合った人生を送っています」です。

インタビュアー泣かせの答えですが、私の人生のポリシーは「いかに変化に対応するか」なので仕方がありません。

会計士の仕事にしろ、執筆する本の内容にしろ、その時代に合ったものをやるのが人間としていちばん自然なのだと思っています。

いったん「10年後の自分はこうだ！」という計画を立てて未来を固定してしまうと、計画があるがゆえに、遅れをとりもどそうとしたり、なんとか計画どおりにしようとしたりして、ムリやムラやムダが生まれてしまいます。

**計画信仰は言葉を換えれば〝計画幻想〟です。計画は個人や企業から自由を奪い、ムリ・ムラ・ムダを生みます。**

べつにムリ・ムラ・ムダを全否定しているわけではなく、ムリ・ムラ・ムダをなくそうとして、逆にそれらが発生してしまうことにやるせなさを感じるのです。

できればムリ・ムラ・ムダとは無縁な自然体でいたい。そしてそのためには、変化に対応できるカードをできるだけたくさん持っておく必要があると思うのです。

## 計画は信仰するものではなく、対応させるもの

以上、この章では、〝計画〟について見てきました。

「現在のビジネス界では計画信仰がまかりとおっている」「そのことにより計画の縛りが発生してビジネスに害をもたらしている」「脱予算経営をする企業も出てきてい

る」「将来的には計画ではなくカードが重要になるのではないか」など、いろいろお話ししてきましたが、結局のところ私がいいたいのは、「計画を立てないのも選択肢のひとつとしてありえる」ということです。

計画が絶対にいけないというのではありません。きちんと計画を立てなければいけないことだって、もちろんあります。

これまで無秩序にやっていたことを見直して計画を立てるようにしたら、ものごとがうまくいくようになることだって当然ありますし、私もおすすめします。

しかし、計画によって害が生じていると感じたなら、計画を立てるのをやめるというのもアリなのだと思い出してください。

計画の数字は、ミスリードを起こしやすいという意味で「禁じられた数字」なのです。

「人類の歴史上、唯一不変なものは、時代は必ず変化することである」といわれるほど、どんな時代でも変化は必ず起きます。

ですから、計画は変化に対応させなければ意味はありません。

計画は大事に守って信仰するものでは決してないのです。

さて、つづく第3章では、計画と並ぶ「禁じられた数字」を生み出す原因となっている、「効率化」について見ていきたいと思います。

まずは、またケーススタディをご覧ください。

## 《第2章のまとめ》

### ビジネスから自由を奪う「計画信仰」と「成長への圧力」

- 計画信仰 — 計画どおりにビジネスを進める重要性が増している
  →計画に合わせて利益などを抑制(または水増し)
- 成長への圧力 — 企業は毎年成長することが期待される
  →成長性を演出するために、利益目標などを低めに設定
  ⇒「作られた数字」「根拠のない数字」、つまり「禁じられた数字」が発生

### 予想はウソよ

- 事業計画をもとに発表される業績予想 —「作られた数字」である可能性
- 計画の縛り→力が強いのは、そこに会計が使われているから

### 計画への不満

- ビジネスでも個人でも、計画の弊害は大きい
  - ・計画の前提である市場予測が2カ月ではずれた
  - ・来年の予算を確保するために、予算を使い切る
  - ・結果(数字)に結びつく短期的で簡単な仕事しかしない
  →計画は環境の変化に対応できない

### 「カード(切り札)」を何枚、持っているか?

- いまは環境の変化が激しい時代

→計画は立てない
→変化に対応ができない「計画」から、変化に応じて選択肢のなかから選ぶ「カード」の時代へ

### 変化が激しい時代にあるべき計画(予算)の姿

- 3カ月に1回、予算を見直す「ローリング予算」
- 前年の予算に引きずられない「ゼロベース予算」
- 思い切って予算計画を廃止した「脱予算経営」

### 計画信仰は「計画幻想」

- ムリ・ムラ・ムダを排除するための「計画」が、逆にそれらを生み出している
  →時代は必ず変化するので、計画を立てないのもひとつの手

第3章

# 「食い逃げされてもバイトは雇うな」なんて大間違い

効率化の失敗

## ケーススタディ②　合理的に儲けようとする大学生

### ビックリするほど優秀な後輩

「萌さん、ちょっと相談があるんですけど」

「いやだ、断る」

新人の会計士補、柿本に声をかけられて萌実は即答した。

「まだなにもいっていないじゃないですかー」

「どうせ、ロクでもないことなんでしょ。私が与えた仕事が終わらなかったとか、自信がないから見てほしいとか」

「い、いや、いつもならそうかもしれませんが、今日はちょっと違うんです。実は、萌さんに会いたいという学生がいまして。僕のゼミの後輩にあたるんですけど」

「ゼミって、アンタ商学部だっけ。なにをやっていたのよ」

「マーケティングです」

「へー。なんか似合わないわね」

「余計なお世話です。それでですね、その後輩が、公認会計士に会ってみたいということで、教授から頼まれて僕自身が会ったのですが、これがビックリするほど優秀な子でして」

「ふーん」

「女子大生なのに会計士をやっている上司がいる、という話をしたら、ぜひ会いたい、ということになりまして」

「えー、めんどくさーい。なんだって私が大学生に会わなくちゃいけないのよ」

「萌さんだって大学生じゃないですか！」

「そうだけど……って、そうか、これはちょっとした出会いかもしれないわね。うまくいったら合コンができるかも！」

「う～ん、こんな人を学生に会わせて大丈夫なのかな……」

＊

## どれだけ稼げるかが人の価値

「さっそくですが、藤原先生。僕は〝金儲け〟がしたいんです」

待ち合わせた喫茶店に現れた学生は、あいさつもそこそこにそう切り出した。眼鏡の奥から放たれる神経質そうな光に、萌実は顔をしかめた。

「……ちょっとカッキー。このトンチンカンな青少年野郎のどこが優秀なのよ」

ボソボソと柿本に耳打ちをする。

「青少年野郎って、どういう呼び方ですか。まあ、まずはその〝お金儲け〟の理由を聞いてあげてくださいよ」

柿本が同じくボソボソと返す。そんなふたりを無視して、学生は眼鏡を指でカチャリとあげ、話をつづけた。

「僕は、人の価値というのは出自《しゅつじ》や家柄、学歴ではないと思うんです。金という尺度こそが唯一平等であり、どれだけ稼げるかが人の価値だと思うのです」

「へー」

萌実はテーブルに頬杖をつくと、適当な相槌《あいづち》を打った。

『『金を稼いでいる』ということは、それだけ『価値を認めて金を払ってくれた人がいる』ということですよね。つまり、稼げば稼ぐほど社会に対して価値を生み出していることになる――稼ぐということは社会貢献だと思うのです」

「……稼いだお金はどうするの？」

「稼ぎすぎて使い道がなかったら、困っている人に寄付をすればいい。だから、僕は大学を卒業したら、どんどん稼いでいこうと思います」

「ほら、萌さん。ずいぶんと立派なことをいうじゃないですか。いやー、僕のほうが10歳近く年上ですが、感動で目からウロコが……」

「はいはい、わかったからカッキーは黙っていなさい。まあ、キミがどんなスタンスなのかはだいたいわかったわ。ちなみに、どうしてお金儲けについて会計士に聞こうと思ったの？」

「僕は先日、会計士の人が書いた本を読んだのですが、会計的思考の真髄《しんずい》は『金額重視主義』だそうじゃないですか。感情に走らず金額を冷静に判断する、『感情より勘定』の精神が会計的思考だとか。だとすれば、会計士というのはまさに金に対して合理的な考えを持った人たちだということになります。ですから、会計士こそ金儲けの奥義《おうぎ》を知っているに違いないと思ったのです」

「『感情より勘定』ねえ。そういう概念的な話を中途半端にいう輩《やから》がいるから困るのよね」

萌実は小声でブツブツいった。

「藤原先生、なにか？」

「いーえ、こっちの話よ。それで、私になにを聞きたいの？」

## 不労所得を会計的に見ると

「僕は、金儲けのために、株式投資や投資信託、FX（外国為替証拠金取引）、不動産投資をはじめたのですが、これは金を増やす手段として会計的に正しいのでしょうか？」

「会計的にねえ。株だろうが不動産だろうが不労所得よね」

「はい。働かないで稼げる不労所得は、経済的自由人になるための必須手段、幸せな金持ちになれる第一歩だと聞いています」

「不労所得っていうのは、会計的に見ると『非減価償却資産』なの」

「非減価償却資産？」

「えーっと、まず減価償却の説明をすると、世の中の多くのモノは、時間の経過とともに価値が減っていくの。たとえば、食べ物は腐り、衣服はボロボロになり、機械は故障がちになる。これを会計では『減価』って呼んでいるの」

「はい」

「この減価を会計的にもちゃんと反映させる仕組みが『減価償却』。たとえば、パソコンなら4年、車なら8年、鉄筋建物なら50年にわたって減価させていくの」


〈30万円したパソコンの場合〉（定額法・残存価格ナシ）

| | 購入時 | 1年後 | 2年後 | 3年後 | 4年後 |
|---|---|---|---|---|---|
| 資産価格 | 30万円 | 22万5千円 | 15万円 | 7万5千円 | 0円 |
| 減価償却費 | | （7万5千円） | （7万5千円） | （7万5千円） | （7万5千円） |

「うーん……理屈はわかりますが、わざわざ減価償却をするのも面倒ではないですか。必要はあるんですか？」

「必要よ。だって、会計は世の中を映す鏡なんだから。世の中のモノが腐っていく

（減価していく）以上、会計もそれに合わせないわけにはいかないわ。つまり、減価償却をしないほうが不自然なの」

## 美術品が購入される背景

「ということは、会計が現実を模写しているわけですか」

「適切な表現をするじゃない、そうよ。でもね、世の中には減価しないモノもあるの」

萌実の横で熱心にうなずいていた柿本が、えっという顔をした。

「萌さん、そんなモノがこの世にあるんですか？」

「しっかりしてよ、カッキー。アンタ、現金や美術品、土地や株なんかの処理をするとき、これまでどうしていたのよ」

「あっ、そうか。たしかに、そういったものは企業会計でも減価償却しない資産ですね。美術品や土地はだいたい購入時の値段のままですし、株はそのときの市場価格のときもあります」

「そう。美術品・土地・株は、買ってから価値が上がる場合がよくあるからね。お金持ちがこういう非減価償却資産を好んで買うのは、べつに美術品や土地や株が好きなわけじゃなくて、持っていても価値が下がらないモノだからよ」

ふたりの会話をメモをとりながら聞いていた学生は、またカチャリと音をたてて眼鏡を押しあげると誰に聞かせるでもなくつぶやいた。

「そうか……バブル期の日本やいまの中国で大量に美術品が購入されている背景には、そういう事情があったのか。単なる成金趣味かと思っていた」

「あの～、萌さん。不労所得の話はどこにいったのでしょうか……」

柿本が聞いた。

「いや、柿本さん。僕にはもうわかりました。不労所得というのは結局、非減価償却資産を手に入れること。そうでしょう、藤原先生？」

「そう。減価しない資産というのはそれだけで希少価値があり、希少価値だからこそ人は手に入れたがるのよ」

## 「汗水たらして得たお金は貴い」理由

「ちなみに、非減価償却資産を持つうえで、気をつけなければならないことはありますか？」

「そうね、避けられない現実として、資産というのはだいたい価値が不安定なの。株も土地も、ちょっとしたことですぐに人気がなくなるし。価値なんていつでもクズ同然になる可能性があるのよ」

「現金、つまり通貨ですら為替相場を考えると、価値は不安定ですからね」

「そういう意味では、働くことで得るお金は、株や土地に比べたら変動が少なくて安定しているの。そこが、勤労所得と不労所得との大きな違いね」

勤労所得……働くことで稼いだお金。給料・バイト代など。Earned Income
不労所得……働かないで稼いだお金。利子・配当・家賃など。Windfall Income

「『汗水たらして得たお金は貴い』という価値観には、それなりの理由があるということですか」

「そうね、安定収入だから、という意味ではそうかもね。ということで、キミの質問——『不労所得はお金儲けの手段として会計的に正しいのかどうか』に対する答えは、『不労所得は勤労所得に比べてラクして稼げるけれど、リスクが大きい※』というあたりかしら。なんか、あたりまえの答えで悪いけど」

※リスクとは、会計や金融では、「未来が不確定である度合い」を指します。一般でいう「危険」という意味ではなく、「変化」ととらえたほうがいいでしょう。

「いいえ、よくわかりました。ありがとうございます」

学生は礼をいった。

「——でも、勤労所得でも不労所得でも、どちらにしろ短期間に大金持ちにはなれませんよね」

「そうね。すぐに1億、2億といった大金を稼ぐ可能性は低いわね」

「できれば僕は、より早く、よりリスクが小さい形で大儲けをしたいのです。そう、もっと効率的に稼ぐ手段を探しているのです」

学生の言葉に、萌実は眉をひそめた。なんだか嫌な予感がする。

## 現代のゴールドラッシュ

「藤原先生、上場するととんでもなく儲かるらしいですね」

萌実は内心、やっぱりそうきたか、と思った。

「……まあ、上場っていうのは、いまの日本で確実に大金持ちになる手段ではあるけどさ。上場益はウン十億円以上というのがふつうだし」

「僕も最低それくらいは稼ごうと思っています。そのために、会社を作ってすばやく上場させ、上場したらすぐに全株式を売り払ってしまおうと思っているのです」

「はあ？　作った会社はどうするのよ」

「上場後、すぐに辞めてしまう創業者も多いらしいじゃないですか」

「たしかに、なんだかんだと理由をつけて辞める社長はいるわね。単なる燃え尽き症候群かもしれないけど」

「やっぱり大金が手に入ると人生が変わるんですよ。僕も早くそんな体験がしたいなあ」

眼鏡の奥の目が、うっとりと遠くを見つめた。

「あー、そう」

「やはり、僕は起業して上場することで金を稼ごうと思います。できれば、すぐに上場できる会社を作りたいんです。上場しやすい業界や業種を教えてください」

萌実の嫌な予感は的中した。軽くため息をつく。

「──あのね、若干の誤解があるようなんだけど、上場益っていうのはべつに、創業者へのご褒美《ほうび》でも成功報酬でもないのよ。現代の株式制度におけるゴールドラッシュみたいな話で、そこに必然性があるわけじゃなく、たまたま現状ではそういう仕組みになっているっていうだけの話なの」

「どういうことですか？」

「つまり、創業者が上場して大金を得るいまの制度は、本来のあるべき姿からはかけ離れた異形《いぎょう》のものだってことよ。その異形のものを目指すのは、人生の目標としてどうかしら」

「では、本来あるべき姿とは？」

「上場というのは、そもそも資金調達のために会社をモノ化しているわけよ。だから、本来なら会社にお金を集めるだけで十分なはずなの」

要領を得ない顔をしている学生の様子を見て、柿本が口を開く。

「萌さん、要するに、上場時には新たに株式を発行する『公募』だけのほうが本来の目的である資金調達には合っているということですよね。『公募』の場合は、会社にお金が入ってきますが、既存の株主がすでにある株式を放出する『売出《うりだし》』だと株主が変わるだけで、会社にお金が入ってきませんもんね」

「そうよ。でも、いまの上場って『売出』をたくさんする会社も多いでしょう。つまり、上場前の株主がお金を得る手段として、株式上場が使われてしまっている。これは歪《ゆが》んだ姿だわ」

公募……会社が新たに株式を発行する　↓　会社にお金が入る
売出……既存株主が株式を売りに出す　↓　株主にお金が入る

## しょせん人は金が大好き

「わかりました。つまり、本来の姿はどうであれ、現状に照らし合わせれば、『金儲けの手段として上場を目指す』のは理《り》にかなっているということですね」

「………」

萌実はため息をついた。しかし、たしかにそれが現実の一面ではある。

「キミは本当に合理的な考え方をするのね。まあ全否定はしないけど、上場益を求める人のみんなが、キミのように個人的なお金儲けが目的だとはかぎらないのよ」

「へえ、ほかにどんな理由があるっていうんですか？」

学生は挑戦的に笑った。

「そうねえ。上場前に出資した人たちの回収機会になっているとか、相続税対策のためには換金できたほうがいいとか」

「でも、結局はそういう理由をつけて、大金を手に入れたいだけでしょう？　ま、当然ですよね、金はあればあるほどいいんですから。なんだかんだ綺麗ごとをいったって、しょせん人間は金で動くんですよ」

カチンとする萌実の横で、柿本がそうだなあ、とのんきにつぶやく。

「たしかに、どこかの有名社長も『人類とは大金を手に入れると、もっと大金が欲しくなる生き物だ』っていっていましたしねー」

「カッキーのバカ！　有名社長のいうことが正しいとはかぎらないじゃないの」

「す、すみません」

「だいたいにおいて、自分のモノサシだけで人類全体を語ってほしくないわ。あ〜、虫酸《むしず》が走る〜」

「違うとでもいうのですか、藤原先生」

「ええ、違うわよ。っていうか、人によるでしょう。大金を手に入れたら満足する人もいるでしょうし、大金を手に入れなくても満足する人はたくさんいるわ。みんながみんな、お金が大好きなわけじゃないのよ」

「いや、人は金が大好きです。人は金のために動きます。その証拠に、ビジネスというのは結局、金の動きだけですよね。そして、その金の動きを可視化するのが会計なのでしょう？　それなのに会計士のあなたが、金を否定するのですか？」

柿本がフムフムとうなずく。

「うーん、たしかに、会計は金額でしかで表現できませんもんね」

「カッキーは黙っていて！」

「は、はいぃ」

萌実は柿本を一喝《いっかつ》すると、腕組みをしてソファにもたれた。

## ビジネスは会計とは世界が異なる

「……『ビジネスは結局、金の動きだけ』、ねえ」

萌実のなかでなにかに火がついた。

「たしかに、会計はお金でしか表現できないわ。でもね、これだけは覚えておいて。ビジネスは決してお金だけで動いているわけじゃないのよ」

「それはつまり、会計とビジネスは異なる、ということですか？」

「そうよ、会計とビジネスでは世界が１８０度違うわ」

「逆ということですか」

「ええ。会計はお金でしか表現できない。これは厳然《げんぜん》たる事実。でもね、ビジネスの動きは、お金だけじゃ説明できないのよ」

「うかがいましょう。具体的にはどういうことですか」

「アンタ、マーケティングを専攻しているのに、そんなこともわからないの？」

「えっ？」

「お金以外のビジネスに欠かせない要素、それは信用、経験、人脈、将来性、社会性、勘……まだまだたくさんあるわよ」

　柿本がうなずく。

「そうですね、萌さん。たしかに、人は値段が高くても信用が高いほうを選びますし、経験があるほうを雇いますし、将来性が高いほうに投資します。それらの動きがすべて金額で表現できるわけではないですよね」

　黙っていろ、と怒られたのに、すぐにそれを忘れてしまうところが柿本のシアワセなところといえる。

「まあ、そういうこと。――とにかく、青少年。『人はみんなお金が大好き』っていうのも、『ビジネスはお金の動きだけ』っていうのも、狭量《きょうりょう》なモノサシではかったアンタの勝手な思い込みよ。そんなアンタが起業や上場を語るなんて、100万年早いわ」

「………」

「アンタがお金儲けをしたいってことまでは否定しないわ。そんなの個人の自由だからね。でも、ビジネスや人がお金だけで成り立っていると思ったら大間違いよ」

## 〝お金儲け〟の目的を達成するためには？

「ちょっと待ってください。じゃあ、ビジネスの目的は利益をあげることじゃない、とでもいうんですか。それじゃあボランティアじゃないですか。ビジネスの目的も、人が働く目的も、結局は金を得ることでしょう」

「ちょっと、話がズレてるじゃないの！　誰が目的の話をしてるのよ。そりゃあ、最終的にはお金も目的よ。それがなきゃ、企業も人も生きつづけていけないからね。でも、それを成り立たせているのはお金だけじゃないって話をしているの」

柿本がまたうなずいた。

「つまり、〝お金儲け〟の目的を達成するためには、お金以外の要素にも目を配れないとダメだということですね、萌さん。お金というモノサシしかないいまの彼には無理だ、と」

「ま、そういうことね」

萌実はストローに口をつけると、残りのアイスコーヒーを一気に飲み干した。

## 経営は二者択一ではない

学生はしばらく沈黙していたが、やがて口を開いた。

「……わかりました。たしかに僕が未熟だったかもしれません」

素直にいう学生に、萌実がおやと眉をあげた。

「なによ、かわいいところがあるじゃない。ついでにいっておくと、経営も同じよ。経営っていうのは、利益と利益以外の大切なことの両方を満たしてビジネスを行うことなの。だから、経営者っていうのはたいへんだし、やりがいもある仕事なのよ。どっちか一方だけでよければ、こんな楽な仕事はないわ」

「どういうことですか？」

「企業が問題を起こすと、マスコミはよく『企業は利益をとるのか、お客をとるのか』って言い方をするじゃない。つまり、二者択一ね。でも、経営っていうのはそんなもんじゃないってことよ。二者択一なら誰でもできるの。二者択一で二者ともとる、もしくは第三の道を見つけることが経営者の使命なのよ」

「萌さん、利益以外の大切なことって、なんですか？」

「そうねえ。理念とか目標とかお客さんとか、社員、社会、雰囲気、それこそ会社によっていろいろあるんじゃないの」

「ちょっと待ってください、藤原先生。いろいろじゃなくて、ズバリ、教えてくださいよ。ズバリ。藤原先生の話は、どうもまとまりがない」

「――あんたねえ、どうしてそうやってひとつに絞りたがるの？　算数じゃないんだから、答えなんてひとつじゃないのよ」

沈黙する学生。

雰囲気の悪化を察して、柿本が口を開いた。

「いや、萌さん、それはやっぱり……まとめていえば『愛』なんじゃないでしょうか！」

柿本の言葉に、萌実は啞然《あぜん》として、それから赤面した。

「バッ……バッカじゃないの！　こっちが赤面するようなこと、いいトシして大真面目にいわないでよ！」

「す、すみません」

「これまで数多くの経営者に会ってきたけど、利益以外の大切なことなんて会社によって違ったわ。だいたいにおいて、そうやってひとつに絞り込もうとすること自体、ビジネスを理解していない証拠よ。絶対、ビジネスは単純化できないの。単純化できるんなら誰でも成功するっていうのよ」

「ほんとうだ」

感心する柿本に、萌実は冷たい視線を送った。それから学生に向き直る。

「アンタ、頭はいいんだろうけど、いかにも学校のお勉強しかできませんーって感じね。もっとも、バカな奴ほど、複雑なことが理解できないから、ものごとを単純化したがるんだけど」

「も、萌さん。当初、合コンをしたがっていたわりには、辛辣《しんらつ》ですね」

「バカの友達なんてバカに決まってるから、合コンなんて願い下げよ」

萌実の言葉に、学生はまた眼鏡をあげた。その手つきがこれまでより乱暴だった。

「——お言葉ですが、僕だってかわいげのない会計士との合コンなんて願い下げです」

柿本がプッと笑って、萌実の肘鉄《ひじてつ》をくらった。

「アンタなんかにこの私のかわいげがわかるわけないじゃない。それから、これだけはいっておくけど、お金儲けを一生懸命やるのはいいけど、そんなんじゃ、しょせんお金しか手に入らないわよ」

「——そういえば、さっきもいっていましたね。金儲けしたいこと自体を否定はしないと」

「ええ、お金儲けがダメなわけじゃないわ。じゃあ、これも覚えておいて。お金儲けしかできないヤツなんて、たいしたことないわよ。だって、ひとつのことを追うだけだから、そんなの手段を選ばなければ簡単なんだもん」

## 有意義な情報に10万円

「これで私への質問は終わりかしら」

「——最後にひとつ。会計士になるには、どうしたらいいんですか？」

「はあ？」

「あなたの偉そうな話を拝聴していて、会計士という職業に興味がわきました。僕とそう歳が変わらないはずなのに、あなたは会計士であるというだけで僕に高説《こうせつ》をたれている。資格というのは、ずいぶん便利なものですね。いや実に便利だ」

萌実はあんぐりと口をあけた。

結局、目の前の青年はなにひとつわかっていない。萌実が彼にいろいろなことを説いていたのは、知識に裏打ちされた経験があるからだ。しかし、彼はそのことを『資格』というひとつのことに集約せねば気が済まないらしい。これ以上、なにをいってやる気にもなれなかった。

「あ～、それはあとで柿本にでも聞いておいてちょうだい。それより、今日の質問料だけど――そうね、10万円いただこうかしら」

「えっ、萌さん。あれだけお金儲けがどうのこうのといっておいて、自分はお金をとるんですか⁉」

柿本が驚きの声をあげる。

「あたりまえじゃない。情報ってタダじゃないのよ。ビジネスにおいても人生においても、有意義な情報こそもっとも価値があるんだから。情報こそが万国共通、最強の通貨よ」

これには学生も呆《あき》れ顔だった。

「なんだかんだいって、結局、あなたも金が好きなんじゃないですか」

すると、萌実は腰に手を当てると勝ち誇ったように笑った。

「違うわ。私はねえ、ただ単にアンタにいじわるがしたいだけよ！　おーほーっほっほ!!」

「………」

どうだ参ったか、といいたげな萌実に、学生も柿本も言葉を失った。

〝人生すべて金次第〟という学生と、〝金よりいじわるだ！〟という会計士と、どちらの人間性がより低いのか、柿本はあえて考えないことにした――。

＊

このの ち、この学生・黒田貫英《くろだかんえい》はスーパーマーケット「小寺フードストア」のCFOとなり、萌実たちと対決することになるのだが、それはまた別のお話。

## 《ケーススタディ②のまとめ》

### 「勤労所得」と「不労所得」

- 「勤労所得」=働くことで稼いだお金
  〈代表例〉給料、バイト代
- 「不労所得」=働かないで稼いだお金
  〈代表例〉利子、配当、家賃

### 「減価償却」はなぜ行われるのか?

- 世の中のモノは、時間の経過とともに価値が目減り=減価
  →会計も世の中に合わせるために、モノの価値を減額させるのが自然=減価償却

### 「非減価償却資産」

- 世の中には減価しないモノもある=非減価償却資産
  〈代表例〉現金、美術品、土地、株
- 「不労所得」
  →非減価償却資産を手に入れること
  →ただし、非減価償却資産の価値は不安定−リスク(変化)が大きい
  →勤労所得のリスクは小さい

### 上場益は現代のゴールドラッシュ

- 株式上場の本来の目的
  →会社を株式という形にモノ化
  →新たに株式を発行して株式市場に売却(公募)
  →会社にお金を集める(資金調達)
- 上場前からの株主が持っている株式を株式市場に売却(売出)
  →株主にお金が入る
  →上場すると株主が大金持ちになる仕組み

## ケチケチ会計士はなぜ結婚したのか？

なんでもかんでもお金に換算して考えたり、やたらと数字を使って話したがる人を、私はひそかに「会計人《かいけいじん》」と呼んでいます。

良い悪いは別として、彼らはお金についてきわめて合理的な考え方を持っています。私の実感からいって、会計士や税理士といった職業にかぎらず、会計人はけっこういます。ケーススタディ②の大学生・黒田も典型的な会計人でしょう。

そして、会計人にはある共通した傾向があります。

ここでは私の友人の例を出して、その「共通した傾向」について説明しましょう。

私の友人に、ケチで有名な会計士がいます。私もケチを自認していますが、彼は私よりもずっとケチです。そして同時に彼は、私の知っている人間のなかではいちばんの会計人です。

その彼がつい最近、交際をはじめたばかりの女性と結婚しました。

結婚式は、とある高級ホテルで開かれたそうなのですが、私は少し意外な気がしました。なにせ、彼はケチだからです。

しかし、参加した結婚式の二次会でその謎がすべて解けました。友人の女性会計士が彼にこうたずねたのです。

「あなたみたいなお金にうるさい人が、どうしてあんな一流ホテルで結婚式を？」

「ああ、それは費用対効果《ひようたいこうか》を考えたからさ」

「費用対効果？」

「彼女は一生の記念になるような結婚式を挙げることを希望していたんだ。この際、それなりの結婚式を挙げないと、彼女は一生、僕にグチるだろう。その精神的苦痛を月1万円と見積もったとしても、50年間一緒に暮らせば総額６００万円だ。一方、結婚式は両家折半《せっぱん》だし祝儀もあるから、１００万円も出せば十分だ。たった１００万円の出費で６００万円の損害を防ぐことができるなんて、とってもお得じゃないか」

「あなたらしい考え方ねえ」

「ちなみに、子供ができたわけでもないのに、短期間で結婚に踏み切ったのも同様の理由なんだ」

「えっ、どういうこと？」

「つき合ってる状態だと、やれドライブだ食事だとお金がかかるじゃないか。お互いの家も遠かったから、交通費も含めると最低でも週に2万円はかかるんだ。これが結婚した場合、交通費はかからない。さらに、恋人気分じゃなくなるから、ドライブや外食も減らせるだろ? だから、交際中にかかっていた費用はかぎりなくゼロに近くなる。交際ではなく結婚を選ぶのは、その費用対効果を考えたら当然だよ」

「……」

このように、彼は「費用対効果」を理由に結婚を決め、盛大な結婚式を挙げました。

この友人の例は少し極端かもしれませんが、**会計人の多くが費用対効果という言葉を好んで使うという「共通した傾向」を持っています。**

それはなぜなのか?

会計人の生態を知るために、もう少し費用対効果について考えてみましょう。

### 困ったときの切り札「費用対効果」

私は仕事上、なにかしらのコメントを求められることが多くあります。

「あそこに出店したいのですがどう思います？」
「このソフトウェアは買ったほうがいいでしょうか？」
「いまのプロジェクトは見直したほうがいいでしょうか？」

私は会計士として、それなりに鋭いコメントを返そうと必死になります。

べつに、「いいと思いますよ」のひと言で片づけてしまってもいいのですが、それだと適当な返事だと思われ、私への信頼は失われてしまいます。

そこで、その件にまつわる数字と比較したり、他企業の例を思い出したりして、なんらかのコメントをするわけですが、数字を比較しても特に目立ったものがなかったり、他企業の例が思い出せないときがどうしてもあります。

そういうとき、私はとっておきの切り札を使うのです。

それは、

「――ポイントは費用対効果ですね」

というひと言です。

とにかく、費用対効果という言葉を使っておけば、会計士らしいコメントとしてそれなりに格好がつくのです。

費用対効果という言葉は、仕事上のどんな場面でも使えます。

それもそのはずで、仕事上で判断を求められる場合、大なり小なり「お金」は必ず関わってくるからです。購入だろうが受注だろうが人事だろうが、お金の関わらない話なんてめったにありません。

**費用対効果は、「お金を基準として効果を考えてみましょう」という意味なので、お金が出てくる場面では、「費用対効果」といっておけばまずハズレはないのです。**

## 費用対効果がどこででも使える理由

費用対効果が仕事上のどんな場面でも使える理由は、「どんな場面でもお金が関わってくるから」だけではありません。

**「費用対効果の効果はオールマイティである」というのも大きな理由です。**

費用対効果の効果が意味するモノはひとつだけではありません。会社によって、場面によって、いや人によってまったく違うこともあるのです。

ひとつ例を挙げてみましょう。

私は妻とよく映画を観に行くのですが、先日、つぎのようなやりとりがありました。


（映画館からの帰り道で）

「いやー、脚本がダメだった。1800円も払ったのに費用対効果は最悪だ」

「そう？　オーランド・ブルームがかっこよかったから、1800円分の価値はあったわよ。話題作だから、友達との会話のネタにもなるし」


そうです、同じ1800円というお金を払っているにもかかわらず、観終わったあとの感想がそれぞれ異なったのです。

なぜそうなるかといえば、私と妻にとっての効果が違ったからです。

私はいつも、「費用対脚本」という視点で映画を観ています。対して妻は、「費用対俳優」「費用対ネタ」といった別の視点で映画を観ていました。

このように、同じ対象であっても、費用対効果の効果というのはハッキリしないものなのです。

だからこそ、費用対効果はどんな場面でも使えるオールマイティで便利な言葉なのでしょう。

## 費用対効果をよく使う人にご用心

コンサルタントや上司から「費用対効果はどうなっているんだね？」なんて聞かれたときは、ハッキリと「ここでいう費用対効果の効果とは、いったいなにを指すのですか？」と逆に質問すべきでしょう。

一般に、費用対効果という言葉は適当に使われすぎています。

「この価格でこのカルビはおいしいねえ」
「今日のコンサートはプラチナチケットを入手しただけのことはあったね」
「同じ値段でふとん圧縮袋がもう1枚ついてくるなんて！」

それぞれ「費用対効果が良い」といわれますが、本当は費用対味覚、費用対感動、費用対枚数です。

とりあえず費用対効果といっておけばすべてを包括した言葉になるので、なんとなくみんな納得するでしょうが、よくよく考えるとおかしなこともあります。

たとえば、家電量販店では、「この食器洗い乾燥機を買えば水道代が安くなります」などと、費用対効果をうたった商品がいろいろ売られていますが、水道代は安くなっても電気代がかかるので、結局のところたいした節約にはならないことがあります。

この場合、費用対水道代という意味では費用対効果が良くても、費用対電気代という意味では費用対効果は悪いのです。

また、前著『さおだけ屋はなぜ潰れないのか？』では、「水道代が年間8万円も安くなる」と費用対効果をウリにした食器洗い乾燥機の例を出しました。

これもおかしな話です。

年間10万円しか水道代を払っていない我が家に導入すれば、水道代は年間わずか2万円になるのかといえば、絶対にそんなことはありません。

たしかに、食器洗い乾燥機を導入することで水道代が年間8万円安くなる家庭もあるでしょうが、それは、もともと毎日の食器洗いに相当な水を使用している家庭に限定されるのではないでしょうか。

費用対効果は一見、論理的なもののように思われがちです。

**しかし実際は、このように前提がおかしかったり、効果の対象もあいまいだったりすることが多々あるのです。**

つまり、使っている人の頭のなかでしか成立していない「関係のない数字」「机上の数字」なのです。

英語で「コストパフォーマンス（ＣＰ）」という人もいますが、どんな言い方をしても、大雑把な言葉であることに変わりはありません。

とにかく、費用対効果やコストパフォーマンスという言葉をさかんに使う人がまわりにいたら要注意です。**（私を含めて）カッコイイ言葉を使っているだけで、本当はたいしてなにも考えていない発言かもしれないのです。**

## いかに少ないお金で最大の効果をあげられるか

さて、なにかと問題も多い費用対効果についていろいろ見てきましたが、そもそもどうして会計人は費用対効果という言葉をやたらと使用したがるのでしょうか？

もちろん、これまで説明してきたように、費用対効果は使い勝手が良く、便利なものだからという理由もあるでしょう。

しかし、いちばんの理由は、費用対効果という言葉が彼ら会計人の思考をある意味、象徴しているからです。

くり返しますが、会計人はお金に対してきわめて合理的な考え方を持っています。つまり、「いかに少ないお金で最大の効果をあげることができるか」ということについて、いつも思考をめぐらしているのです。

ときとして「ケチ」「守銭奴《しゅせんど》」「冷酷」と呼ばれることもありますが、彼らには、そんな悪評にかまっている暇はありません。彼らは合理的にコストカットし、合理的にお金を使い、合理的に回収することに、なによりも喜びを感じているのですから。

**そして、会計人のこの合理的な思考がひとたびビジネスの世界に反映されると、それは「効率化」と呼ばれる行動に結びつきます。**

効率化とは、「ムラやムダをできるかぎりなくし、効率よくものごと（仕事）を進めること」をいいますが、現在のビジネスの世界では、非常にこの効率化がもてはやされています。

効率化を最重視する企業は、「守銭奴」などと非難されることはありません。むしろ、「筋肉質」などと賞賛されるのです。

「もっと効率化しろ」

「効率化の視点は持っていますか？」

「このプロジェクトは効率化に苦心のあとが見られますね」


みなさんも仕事場で、こういったセリフをよく耳にしているのではないでしょうか？ トヨタのカンバン方式がいい例ですが、現在のビジネス界には、効率化こそが成功への最短距離だという共通認識があるのです※。

※カンバン方式とは、工場でよく発生する「作りすぎのムダ」「手持ちのムダ」「運搬のムダ」といったムダを排除し、「必要なものを必要なだけタイムリーに作る」生産システムのことです。

## 効率化コンサルタントの結末

効率化において大事なのは、まず改善すべきムラ・ムダを把握すること、もしくは状況を一変させるアイデアが先に存在していることです。

つまり、事前にそれなりの準備が必要です。

**ところが世間では、準備抜きで最初から効率化ありきの行動が見られます。**

「効率化のために人員を5人から2人に削減します」

「予算が1億円から5000万円に減ります。しかし、規模は縮小したくないので効率化で対処してください」

ムラやムダを把握してはじめて効率化が行えるのに、なにも把握せずに人員や予算が減らされれば、ムラ・ムダならぬムリが生じてしまいます。

こんな話があります。

チェーン店を展開する飲食業の社長が経営に行き詰まったため、コンサルタントに相談しました。すると、そのコンサルタントは即座に、「効率化さえすればどんな会社でも立ち直ります」といい、社長は彼に経営再建を託《たく》しました。

さっそく彼は、従業員に希望退職を募《つの》ってベテランを中心に人員削減し、店舗も黒字を出しているお店だけを残して、50店から25店に減らしました。

つまり、給料の安い若手と黒字のお店だけを残すという効率化を行ったのです。

ところが、つぎの年はかろうじて黒字になりましたが、結局、そのつぎの年からは大幅な赤字になってしまい、経営はもとの状態より悪くなってしまいました。

どうしてこうなってしまったのでしょうか？

少し考えてみてください。


正解ですが、原因は仕入れ費用の増大にありました。

つまり、50店舗の大量仕入れだからこそ、これまで安く仕入れられていたのが、25店舗になってしまったため、取引先への価格交渉力が半減してしまったのです。

また、ベテランの仕入れ担当者も多く辞めてしまったので、交渉もうまくいかなくなりました。


形だけの効率化、すなわち「25店舗に減らせば立て直せる」という机上の数字が、かえって会社の力を弱めてしまったのです。

人件費の高いベテラン層をリストラし、赤字のお店を潰すという安易な効率化は、ムラやムダを正確に把握したものではありませんでした。また、アイデアとしても最悪に近いものです。

準備された効率化は人や会社を豊かにしますが、準備なき効率化は人や会社を疲弊させるだけなのです。

## 効率化の失敗

効率化の失敗について、もう少し見てみましょう。

１９９０年代の後半は、日本企業の業績が軒並み悪化し、多くの企業で新規採用がおさえられました。なかには、新入社員ゼロの有名企業もありました。

その甲斐《かい》あってか、２０００年代に入って企業の業績は回復し、新規採用も復活したのですが、特定の年齢層（30歳前後）の社員がポッカリといないせいで、後輩への知識や技術の伝達がうまくできず、現場がダメになるといった会社が出てきました。

また、30歳前後の働き盛りの人材がいないせいで、その分、若手社員が余計に働かざるをえず、疲弊している現場もたくさんあります。

私の知っている会計事務所では、ほかの事務所では採用されなかった人たちを積極的に採用していました。

それだけ聞くとなんだかいい話なのですが、その理由は、「ほかで採用されなかった人は低賃金で働かせることができるので、経営効率がいいから」だとか。

たしかに、そうすることで人件費は圧縮できたそうなのですが、経営陣による「拾ってやったんだぞ」という見下した態度が目につき、なかなか社員が定着しなかったそうです。

その結果、顧客の担当者がつぎつぎと代わり、引継ぎ業務が増え、仕事の効率は悪くなってしまったといいます。

もちろん、顧客からの評判も落ちました。

## 「目先の利益」か、「長期的な利益」か

これら効率化の失敗例は、いずれも「目先の利益にとらわれて長期的な利益を失う」という話です。

会計的な考え方をする経営者ほど、このように目先の利益を追いがちです。

現状の会計制度では最低1年ごと、上場企業では3カ月ごとに決算書が発表され、そのつど、数字によるプレッシャー（売上高や前年比など）が発生するので、会計的

思考の人間が目先の利益を追求するのも仕方ありません。

さらに最近では、1カ月半ごと（ハーフ・クォーター）に決算を発表するという話も出てきているので、目先の利益をますます意識せざるをえない環境になりつつあります。

また、311ページで述べたように、成果主義の導入によって、すぐに結果（数字）の出る、短期的で簡単な仕事しかしなくなるサラリーマンの例もあります。

目先の利益を追いがちなのは、家計でも同じです。

たとえば、携帯電話を月々4000円の基本使用料で利用できるサービスに対し、「2年間解約しないという契約をすれば、月々2000円になる」という半額サービスがあるとします（2008年1月現在、どの携帯電話会社も似たようなサービスを行っています）。

2年間で4万8000円も得することになるので、当然、契約したほうがいいように思えますが、問題は「2年もの間、本当に解約しなくていいのかどうか」ということです。

高額な違約金を払ってでも解約しなければならない状況になるかもしれませんし、

他社がもっといいサービスや商品を出すかもしれません。また、基本使用料以外でたくさん払うハメになるかもしれません。

このような半額サービスは、そういった未来の出来事もすべてひっくるめて検討したうえで契約しなければならないのに、実際には、深く考えずに契約してしまっている人も多いでしょう。

実際に私の知り合いは、某携帯電話会社の半額サービスに申し込んだ直後、ディズニーが携帯電話事業に参入すると聞いて、「しまった！」と騒いでいました。

**個人にしろ会社にしろ、たいして考えもせずに目先の利益を追ってしまうと、あとになって自分（自社）の行動を縛ることになりかねないのです。**

さて、これまでのところで、「費用対効果→効率化→目先の利益」と話を発展させてきました。

つぎに押さえていただきたいのは、「二《に》分法《ぶんほう》」という考え方です。

数字とは一見、関係ないように見えますが、実に役立つ考え方でもありますので、ぜひおつき合いください。

## デキる人は二分法で話す

私はよく二分法を使って話をします。

会計士の先輩から習ったテクニックなのですが、たとえば、監査の現場でお客さんから経営の話をうかがったあと、

「――御社の問題を考える場合、『社内』と『社外』の視点がポイントですね。社内では○○が、社外では△△が重要だと思うのですが、現時点ではどのような考えで動いていらっしゃるのでしょうか？」

などと、二分法を使ってたずね返したりします。

とにかく、ひとつのものごとをAとBの2つに分けて話すクセがついているのです。

私が二分法を多用する理由は2つあります。

**まずひとつ目は、論理的に見せるためです。**

二分法を使って話をすると一見、頭が良さそうに見えます。

単にひとつの問題を2つに分けただけなのですが、それだけでちょっとコンサルティングっぽくもなります。

第1部でお話しした数字のテクニックを使って、「うーん、そうですね。問題点は2つあります――」という具合に冒頭に数字を入れると、さらに頭が良さそうに見えるでしょう。

そのほかにも、たとえば、「世の中には2種類の人間がいる。『会計を学ぶ人間』と『会計から学ぶ人間』だ」などといえば、かなりの論理的思考の持ち主のように見えます（実はたいしたことはいっていないのですが）。

つまり二分法は、手っ取り早く「デキる人」に見せるための手軽な（姑息《こそく》な？）手段なのです。

## 思考するためのテクニック

さて、二分法を多用する理由のひとつ目、「論理的に見せるため」というのは、実はたいした理由ではありません。これはオマケみたいなものです。

**より重要な、二分法を使う2つ目の理由は、「ものごとをわかりやすくすることができるから」**です。

どういうことかといえば、

「考えがまとまらない」
「対象が大きすぎる」
「なかなかアイデアを思いつかない」

などといった場合、私はとりあえずものごとを2つに分けることからはじめます。

そうすることで、考えるための手がかりを探すのです。

たとえば、ブログにエッセイを書くときになにも思いつかなかったら、「自分のこと」か「他人のこと」か、まずはどちらを書くのかを最初に決めます。

そして、どちらを書くか決めたら、今度は「(自分の)身のまわりで最近なにかなかったかな?」「(他人が)おもしろい話をしていなかったかな?」などと考えをめぐらしていきます。

そうすれば、ほとんどの場合、書くべきネタは見つかるのです。

その理由は、結局のところエッセイの内容というのは、自分のことか他人のことのどちらかしかないからです。

また、書評を書くときも、二分法は使えます。

たとえば、読んだビジネス書がおもしろかった場合、私はその理由が「共感できた」「新しい発見があった」のどちらに当てはまるのかをまず考えます。本は、新しい発見がなくても共感さえできればそれなりに満足しますし、共感できなくても新しい発見があれば損した気分にはならないからです。

こうやって二分法を使っておもしろかった理由を分析していけば、自分の感想を的確に表現した書評を書くことができます。

このように、なにかを考える際に二分法は非常に有効です。

あまりにも漠然としていて、どこから考えはじめていいのかわからないときは、とりあえず大ざっぱでもいいのでものごとを2つに分け、思考のとっかかりや道筋を探していくのです。

別の言い方をすれば、**二分法とは、複雑な対象をわかりやすくシンプルにするためのテクニックだといえるでしょう。**

ある料理人は、新しい味を考えるとき、既存のものに「足し算」をするか、既存のものに「引き算」をするかをまず決めるそうです。

味という複雑なものに対して、新たに食材を増やすのか、余計なものを除くのかをまず考える――これも二分法による思考のシンプル化です。

## 会計の世界も二分法

私が会計士として経営者にアドバイスをするときも、まずは、「売上を伸ばす」べきか、「費用を減らす」べきかといった二分法から本題に入ります。

これは、『さおだけ屋はなぜ潰れないのか？』のさおだけ屋の解説のところでお話ししたとおり、利益を出すためには、「売上を増やす」か「費用を減らす」かのどちらかしか方法がないからです。

一見、なんでやっていけているのか不思議な商売も、お金の入口（売上）と出口（費用）といったシンプルなところから考えていけば、その儲けのカラクリが見えてきます。

また、会社の管理体制についても、「予防」と「治療」といった2つの観点から考えています。

つまり、問題が起きないようにチェック体制を作ること（予防）と、問題が起きたときにどう対処するか（治療）といったところから具体的なアドバイスに入るのです。会社の仕組みは複雑です。ですから、まずは事前と事後に分けて問題を把握しやすくするのです。

最初から問題点が明らかな場合は、わざわざ二分法を使って考える必要もないのですが、よくわからない場合は、二分法は大きな手助けとなります。

## ベテラン経理マン「3秒ジャッジ」の秘密

もうひとつ、会計での二分法の例を挙げましょう。

若者3人ではじめた、インターネット系のベンチャー企業が、ビジネスを軌道《きどう》に乗せることに成功し、社員が3人から15人に増えました。

そこで新たに経理も雇うことにしたのですが、やってきたのは、中堅企業で長年経理部長をしていた経理マン。

それまで経理は顧問税理士任せで、誰ひとり経理に詳しくなく、備品の購入や商品の値付《ねづ》けについては、そのつど、みんなで長い時間をかけて話し合って決めていました。

そこに、はじめて経理がわかる人が入社したのです。

社員はこぞって彼に相談に行くようになりました。

すると彼は、驚くべきことに、いつも3秒ぐらい考えて「OKです」「ダメです」と即決したのです。

たまに「それは大事な問題なのでみんなで話し合いましょう」「たいした問題ではないので担当者が自由に決めてください」と答えることもありましたが、判断までの時間はやはり約3秒でした。

これまで長い時間かかっていたことをたった3秒で解決してくれるので、社員はみんなその経理マンのことを尊敬し、いつしか彼の判断は「3秒ジャッジ」と呼ばれるようになりました。

ところが、あるときのこと。その話を聞いた社外の人が社長に、「経理のプロとはいえ、そんなに早く決断できるわけがない。もしかしたら適当に答えているだけではないか?」といいました。

たしかに社長も3秒ジャッジについては少し疑念を抱いていたので、さっそく経理マンを呼び出し、どうやってそんなに短時間で判断しているのか、問いただしました。

すると彼は理路整然と答え、その理由を明らかにしたのです。

「みなさんは不思議に思っているかもしれませんが、実はとても簡単なことです。みなさんが相談しにくる話は、『長期的なこと』か『短期的なこと』のどちらかしかありません。たとえば、テーブルの購入なら長期的に使うものですし、用紙の購入なら短期的なものです。

長期的に使うものなら丈夫さや安全性が重視されるので、少々値が張っても仕方ありませんが、短期的なものなら高いものを買うのはムダです。

つまり、『長期で高い』『短期で安い』ものならすぐにＯＫと、逆に、『長期で安い』『短期で高い』ものなら、もう一度考え直してもらうようにいっていただけなのです

――」

3秒ジャッジの秘密を聞いた社長は、彼に疑念を抱いたことを恥じたといいます。

〈3秒ジャッジにおける経費の判断基準〉

| | OK | 要検討 |
|---|---|---|
| 長期 | 高い | 安い（安物買いの銭失い？） |
| 短期 | 安い | 高い（もったいない？） |

さて、この「3秒ジャッジ」ですが、もちろん、長期か短期か、高いか安いかの判断は、ある程度の経験がないとできないものです。

そういう意味では、少し高度な判断なのでしょうが、その仕組み自体は二分法を2つ組み合わせただけの単純なものです。

この経理マンもまた、複雑なものごとを二分法を使ってわかりやすくしていたのです。3秒ジャッジの判断は、そのシンプルな分類に基づいたものでした。

彼は、商品の値付けについても、1年未満の短期間で勝負するものなら「原価割れしない範囲で担当者が決めてください」、1年以上売りつづけるものなら「みんなで納得がいくまで話し合いましょう」と答えたといいます。

彼が長期間販売する商品の値付けにこだわったのは、定番商品ともなれば、ほかの商品との価格バランスも考えなければなりませんし、数年後に出るであろう同種の商品価格をも制約すると考えたからです。

つまり、スタートは単純な二分法でも、最終的には未来までも視野に入れたジャッジだったのです。

## ビジネスも二分法で切る

二分法についてまとめてみると、私がいいたいことは以下の2点です。

- 二分法を使って話すと論理的に見える（デキる人に見える）
- 二分法はものごとを「AかBか？」といった、シンプルでわかりやすいものにしてくれるので、考える際の手助けとなり、理解や判断もしやすくなる

実際、二分法は使い勝手のいい、かなり万能なものです。

そして、会計を学ぶうえでも、二分法の考え方は必要になってきます。

特に、会計をちょっとかじった方、会計をこれから学びたいと思っている方は、よく聞いてください。

ビジネスというものも、二分法で切ることができます。

**それは、「会計的な行動」か「非会計的な行動」か、という二分法です。**

ビジネスとは結局、このどちらかしかありません。

ひとくちに「ビジネス」といってしまうとあまりに対象が大きすぎて、考えをまとめようとしても曖昧模糊《あいまいもこ》としてしまいませんか？

そんなときは、二分法を使えばいいのです。

むしろ、会計を多少なりとも理解している人は、意識して二分法を使って考えるようにしてください。

なぜなら、最近の傾向として、「会計ができる人はビジネスもできる」といったような風潮があるからです。

しかし、**これは間違いです。**

**正しくは、「会計ができる人はビジネスの会計的な行動もできる」なのです。**

ビジネスのすべてができるわけでは、決してありません。

「非会計的な行動」もなければ、ビジネスは成立しえないのです。

## 会計と非会計

ここで、「会計的な行動」と「非会計的な行動」の具体例を挙げましょう。

「会計的な行動」とは、会計を活用するうえでの最終目的「いかに少ないお金でたくさん稼ぐか」、すなわち「いかに効率的に稼ぐか」という点に主眼をおいた行動です。

それは、前に述べた会計人のとる行動と同様のものです。

〈会計的な行動の代表例〉

- お客さんの回転数を増やす
- 少数の社員にたくさん働かせる
- 売れている商品だけに絞って販売する

これらの「会計的な行動」を行うと、当然、経営は効率化されます。

しかしながら、同時に弊害も起きてきます。

●お客さんの回転数を増やす
　→お客さんが増えすぎてサービスの質が低下
●少数の社員にたくさん働かせる
　→激務で身体を壊す社員が続出
●売れている商品だけに絞って販売する
　→絞った商品に強力なライバルが出現しピンチ

いずれも経営が不安定になる要素です。そこで、この不安定な状況を安定化させる動きが起こります。

それが、「非会計的な行動」です。

**不安要因を取り除くために、お金がかかっても「リスクを低下させる」行動を会社はとるのです。**

具体的には、つぎのような行動を指します。

●お客さんが増えすぎてサービスの質が低下

●激務で身体を壊す社員が続出
↓お客さんが増えた分、従業員も増やす
↓外注を使ってひとり当たりの業務量を減らす
●絞った商品に強力なライバルが出現してピンチ
↓開発費がかかっても新商品を準備

いずれもコストがかかり、効率も悪い、まさしく非会計的な行動です。

しかし、放置すればいずれもっと大きな経営危機にぶつかってしまいます。だから、イヤイヤながらも、会社は非会計的な行動をとらざるをえないのです。

たとえば、吉野家は牛丼のみの単品経営というきわめて生産効率のいい会計的な経営を行ってきました。しかし、ご存じのように、米国産牛肉の問題で牛丼の販売中止に追い込まれる、という不安定な面も露呈《ろてい》しました。

現在、吉野家は寿司の「京樽」、うどんの「はなまる」、ステーキの「どん」など、外食チェーンをつぎつぎと買収していますが、これは、この不安定さをカバーするための「リスク分散」という非会計的な行動なのです。

## 「バイトは雇わない」は会計的な行動

このように、「会計的な行動」と「非会計的な行動」はセットとなって、ビジネスを形成しています。

さて、ここでいよいよ「食い逃げされてもバイトは雇うな」という考え方が正しかったかどうかの話をしましょう。

まずは、あの話を図にしたものをご覧ください。

これはまさに、いかに効率よく稼ぐかを追求した「会計的な行動」です。

食い逃げの多いラーメン屋の店主は、心情的には悔しくても、感情よりも勘定を優先させ（第1部では「金額重視主義」という言い方をしました）、「バイトは雇わない」という判断を下しました。

それは、会計的に考えれば当然、導き出される結論です。

しかし、ビジネスのむずかしいところは、会計的な判断がかならずしも正解とはかぎらないところです。

そうです、「お客さんの回転数を増やす」「少数の社員にたくさん働かせる」「商品を絞って販売する」という効率重視の会計的な行動が経営を不安定にしたように、

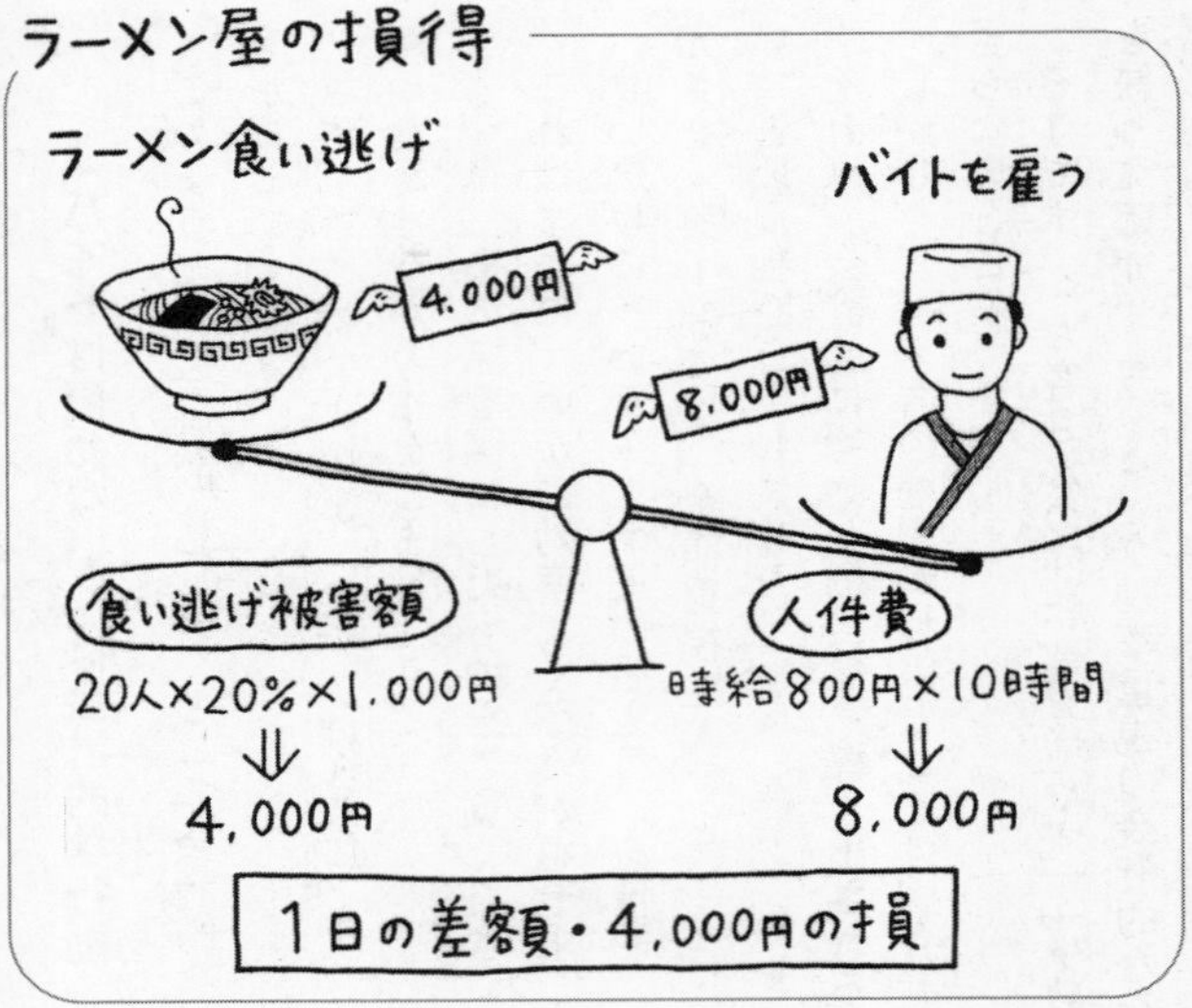


**「バイトは雇わない」ほうが正解**
**（コストがかからない）**

※ラーメン屋の営業時間を10時間、1時間当たりのお客さんの数を2人、お客さんが食い逃げする確率を20％（5人に1人）、お客さん1人当たりの売上高を1000円、そしてバイト代を時給800円として計算。詳しくは、第1部の135ページをご覧ください。

「バイトは雇わない」という行動も経営を不安定にする可能性があるのです。

そして、その不安定要素を取り除くために、食い逃げの多いラーメン屋も、効率の悪い「非会計的な行動」をとらざるをえなくなるかもしれないのです。

## 「食い逃げされてもバイトは雇うな」なんて大間違い

つまり、長い目で見ると、「食い逃げされてもバイトは雇うな」が必ずしも正解とはいえなくなります。

「食い逃げを許すラーメン屋」というルーズな印象は、長期的にはマイナスに働くでしょう。また、「いまは食い逃げ程度で済んでいるが、いずれはレジごと盗まれるかもしれない」という大きなリスクも存在するのです。

**つまり、「バイトは雇うな」は机の上での正解でしかなかったのです。**

金額重視主義は、「机上の数字」という禁じられた数字を生み出す土壌でもあります。この場合、「食い逃げ被害額4000円」という数字がそうです。将来的には、とてもそんな額では済まなくなるかもしれないのです。

よって、安定を重視する非会計の観点からは、「食い逃げされないようにバイトを雇え」が正解になります。

## 二分法しかなかったのか？

でも、それも絶対の正解というわけでもありません。

ビジネスのあらゆる状況に当てはめられる方程式など存在しないのです。

バイトを雇うのも雇わないのも、会計・非会計それぞれの観点から見れば正解なのです。

**ここで私がいいたいのは、「食い逃げされてもバイトは雇うな」という、会計の観点からしか見ていない短絡的な考えは、大間違いということです。**

さて、食い逃げが多いラーメン屋の店主は、バイトを雇う、雇わないの二者択一で決断しました。

しかし、これしか方法はなかったのでしょうか……？

つぎの第4章では、二分法の世界を超えた、「第三の道」について考えていきます。

## 《第3章のまとめ》

### 「費用対効果」をよく使う人にご用心

- 費用対効果が便利な理由
  ①どんな場面でも、だいたいお金が関わる
  ②費用対効果の「効果」はオールマイティ
- 費用対効果 ― 前提がおかしいもの、効果の対象があいまいなものも
  →使っている人の頭のなかでしか成立しない「関係のない数字」「机上の数字」、つまり「禁じられた数字」が発生
- 会計人の思考 ― いかに少ないお金で最大の効果をあげられるか
  →効率化

### 「効率化」は成功への最短距離か?

- 効率化の前提
  ①改善すべきムラ・ムダを把握
  ②状況を一変させるアイデアが存在
- 準備なき効率化は人や会社を疲弊させる
  →机上の数字だけで計算した効率化は、ムラ・ムダならぬムリを生む

### 「目先の利益」と「長期的な利益」

- 効率化―目先の利益を優先させる考え方
  →長期的に見れば、利益を失うことになりかねない
- 現状の会計制度・成果主義
  →会計的な考え方をする人(会計人)ほど、目先の利益を追いがち
  →あとになって自分の行動を縛る

### デキる人は「二分法」で話す

- 二分法の利点
  ①論理的に見せる
  ②複雑なものをシンプルに

### ビジネスは「会計的な行動」と「非会計的な行動」から成り立つ

- 会計的な行動=「低コストでいかに効率的に稼ぐか」という行動
  →経営が不安定になるという弊害が発生
- 非会計的な行動
  =経営を安定化させるために行われる、リスクを低下させる、非効率な(コストがかかる)行動
- 「食い逃げされてもバイトは雇うな」
  →会計の視点からしか見ていない短絡的な考え

第4章

# ビジネスは二者択一ではない

## 妙手を打て

## 妙手《みょうしゅ》を打て

二分法は、ものごとをわかりやすくしてくれる「かなり万能なもの」です。けれども、わかりやすいだけに、二分法で考えているかぎりは単純な結論になりがちです。つまり、二分法は、平凡な発想を生む土壌にもなっているのです。

それは、ケーススタディ②の大学生・黒田の「ものごとを単純な結論に落とし込もうとする姿」と重なります。

では、優秀な経営者は、二分法ではなくどう考えているのでしょうか？

少なくとも二者択一では考えていないでしょう。言い換えれば、二者択一になっている時点ですでにふつうの経営判断なのです。

優秀な経営者は、二者択一ではなく、可能なかぎり「会計」と「非会計」の両方を一気に解決する方法を考えています。それこそ脳ミソを死ぬほど働かせて。

**両方とも一気に解決させる第三の道――私はそれを「妙手」と呼んでいます。**

ビジネス上で起きる複雑な諸問題を一挙に解決する道は、「アイデア」と呼ぶにふさわしく、そのアイデアをひねり出すことこそが経営者の仕事ともいえるのです。

目の前の問題を常に二者択一で判断していくだけであれば、正直な話、誰にでもできます。「Aを解決することで、ついでにBもCも解決する」というような妙手を打つことが、経営のむずかしさであり醍醐味《だいごみ》なのです。

今回のラーメン屋の場合はどうだったのでしょう？

少し考えてみてください。あなたが店主ならどうしますか……？

私だったら、バイトを雇います。そして、そのバイトのさらなる活用方法を考えます。つまり、「バイトの人件費増加」を「売上増加によってカバー」できないかどうかを考えるのです（「食券機の導入」では、この売上増加によるカバーが困難です）。

たとえば、もともと出前の多いお店なので、これを強化することを考えます。バイトを使ってチラシ作りやチラシ配りを行うことで、地元への周知徹底や配達エリアの拡大を図るのです。

もしくは、ある程度お店を任せられるようにバイトを育てます。これが成功すれば、店主には売上がアップしそうな新メニュー考案のための時間的余裕ができます。しっかり育ったあかつきには、2号店の出店という規模の拡大も夢ではないでしょう。

このように、妙手は考えられないものではありません。

本当に優秀な経営者は、即断で「食い逃げされてもバイトは雇うな」とは口が裂けてもいわないでしょう。そのように発言すること自体、会計や数字にとらわれていることの証左《しょうさ》であり、妙手を見失うことにもなるからです。

## ライバル店から客を奪う

それでは、妙手というのはどう思考すれば思いつくものなのでしょうか？

**それは、とりあえず便利な道具、二分法を捨てることです。**

第１部でとりあげた「コップの水が半分ある状態」を思い出してください。「もう半分しかない」と考えるのか、「まだ半分もある」と考えるのかは二者択一の考え方ですが、まったく別の視点から考えることもできます。「そもそもコップが大きすぎるんじゃない？」とか、「真下から見たら水の量なんてわかんない！」とか。感覚としては、妙手が求めているのはこういう発想です。

**このように視点を大きく変えることが、妙手に近づく道なのです。**

ここから先は、妙手の発想の訓練をするために、クイズ形式で企業の実例を見ていきます（多少デフォルメしてあるものもありますが、どれも実際にあった妙手です）。

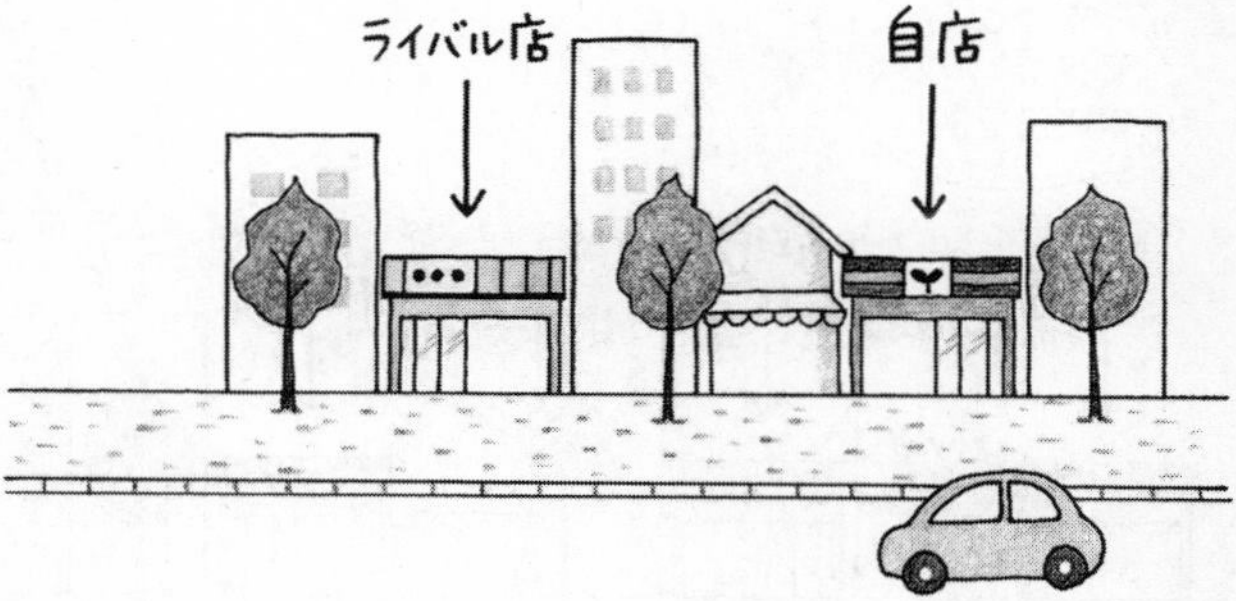


**《クイズ③》**

**上の図をご覧ください。自店のコンビニの近くに同規模のライバル店があります。ライバルに勝つために資金を投入できるとすれば、あなたはこの資金をどのように使いますか？（ただし、ライバル店の買収はできないものとする）**

（考える時間↓1分）

自店の規模をそのまま拡大する戦略では、立地の問題もあるので、お客さんが増えてくれるかどうかはわかりません。

ここでは、自店の売上を伸ばすだけでなく、ライバル店を撤退させるような方法を見つけることが妙手となります。

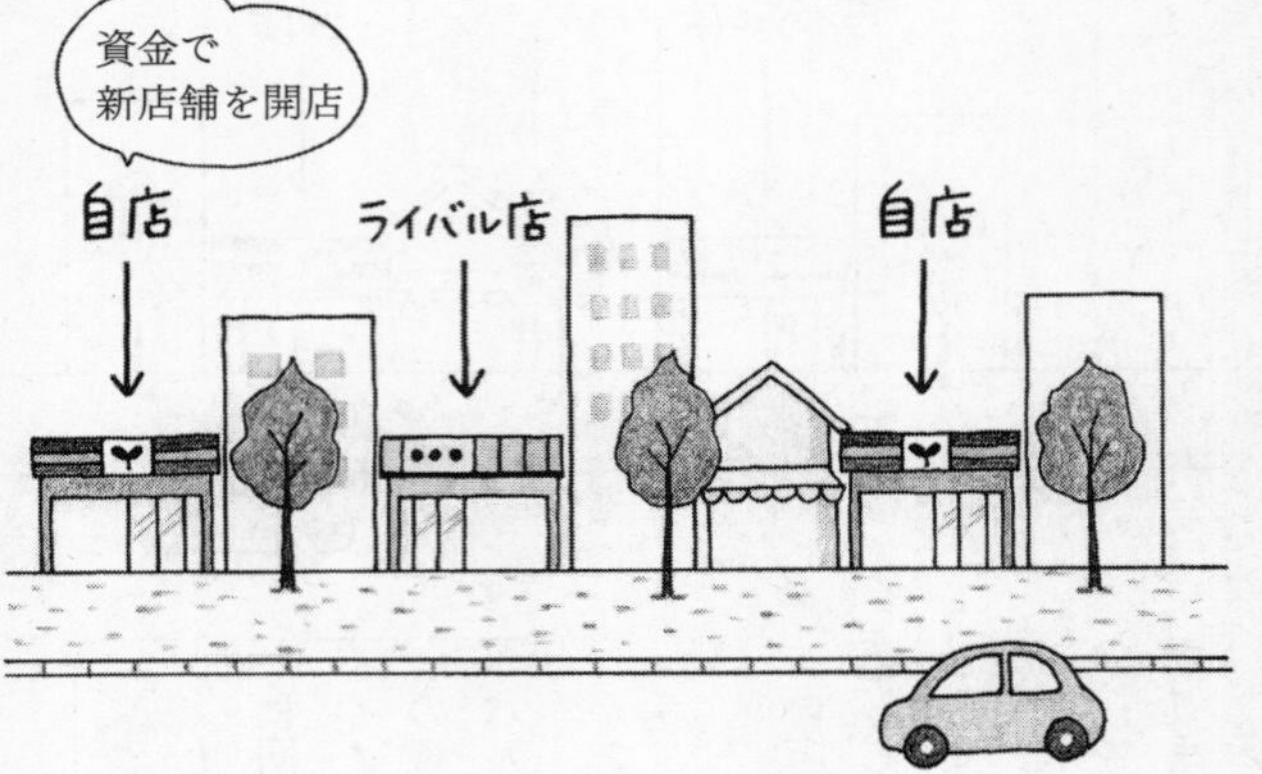


では正解です。

上の図のように、ライバル店への人の流れを遮《さえぎ》るようなかたちで新たなお店を出せば、ライバル店は苦しくなります。

ライバル店の商品をよほど愛している人ならライバル店に行くでしょうが、かなりの人はより近いほうのコンビニ、つまり自店に入るはずです。

いずれライバル店が潰れれば、その地域のお客さんを総取りすることも可能になります。

**つまり、「攻撃は最大の防御」というのも妙手のひとつということです。**

たとえば、中国への進出に成功した、日本で高シェアを誇る会社社長の話——。

進出の理由をメディアの前では「中国は成

長市場だから」と語っているのですが、「本当のところ、中国企業や中国市場を制した外国企業が日本に進出するのを事前に防ぐためなんだけどね」と、私にこっそり教えてくれました。

## 人件費が3倍なんてありえないはずが……

私はいま、「ビジネス新伝説　ルソンの壺《つぼ》」※というNHK大阪のトーク番組で、毎回経営者をお呼びして貴重なお話をうかがっていて、あるとき大手住宅メーカーの社長に来ていただきました。

その会社では現在、住宅を販売する際に、営業マンだけではなく、設計スタッフと工事スタッフをあわせた3人で同時にお客さんの相談にのるという「三位《さんみ》一体営業」を展開しているという話を社長からうかがったのですが、これはかなり非効率な営業です。

というのも、**人件費が3倍かかっているので、会計的に見れば、まず「ありえない」方法だからです。**

しかし、この営業スタイルは大成功を収めました。

その成功の理由は、さまざまなジャンルの専門家が対応することで、お客さんのあらゆる質問に即座に対応することができ、満足度を高められたからです。

これはみごとな営業です。

ただ、成功の理由は、お客さんの満足度を上げたから、だけでしょうか？

「社長の口からはいえないだろうな……」と思い、番組内ではあえて指摘しなかったのですが、私は成功の隠れた理由がもうひとつあると思いました。

つまり、これこそ妙手だと思ったのです。

**《クイズ④》**
**人件費が3倍かかる「三位一体営業」という妙手が成功した、もうひとつの理由とはなんでしょうか？**

（考える時間↓1分）

もちろん解答はひとつだけではないと思いますが、私が考える解答のヒントは、「数字」に関係します。

それでは、答えを見てみましょう。

解答例――

「三位一体営業」が成功したもうひとつの理由、それは、交渉の場において「数的優位《すうてきゆうい》」を作っていることです。

新築住宅の販売の場合、お客さんのほとんどは夫婦です。それに対して、3人で営業を行えば、3対2という数的優位を作り出すことができます。

心理的には、数の多いほうが交渉を有利に進めることができるのです。お願いするときと謝るときも、人は多ければ多いほどいい、というのと同じ理屈です。

この効果を活用して、効率的に成約率を増やしているのです。効率がいいということは、これは会計的な行動だということです。

**つまり、三位一体営業とは、「3人の専門家でお客さんを満足させる」という非会計的な要素と、「数的優位で成約率をアップさせる」という会計的な要素の両方をあわせ持つ妙手だったのです。**

※「ビジネス新伝説 ルソンの壺」はＮＨＫの関西ローカル番組。毎週日曜朝8時～8時25分放映中（２００8年1月現在）。

## 在庫の恐怖から逃れる

会計と非会計、両方を満たす妙手をもうひとつとりあげましょう。

《クイズ⑤》
ある時計メーカーが、人気若手デザイナーのデザインによる高級腕時計を製作することになりました。
人気急上昇中のデザイナーなので売れるだけ売りたいのですが、どこまで売れるのかはまったく予想ができません。また、万が一売れ残ると、原価が高いだけに大損することになります。
どのようにすれば、うまく儲けられるでしょうか？

（考える時間→1分）

これは、簡単なのではないでしょうか。

正解は（これも正解がひとつとはかぎりませんが）、限定販売にすることです。

限定販売は昔からよく使われる妙手です。

数量を限定することは、儲け損ねる可能性もあるので非会計的なのですが、商品に希少性を持たせられるので、付加価値（ブランド力）をつけることができます。

また、非会計的のように見えながら、実は会計的・効率的な側面もあります。それは、増産の判断をしなくて済むという面です。

というのも、商品の生産現場にとって増産の判断というのは、非常に神経のすり減る作業なのです。なぜなら、売れているのは最初だけかもしれないのに大量に作ってしまうと、在庫を大量に抱えるリスクを負ってしまうからです。

在庫は怖いものです。作るためのお金は出ていくのに、売れるまでお金は入ってきませんし、倉庫代も日々かかります。

そうした在庫の恐怖から解放される手段が限定販売です。

売れても増産はしないので在庫はゼロですし、売れなくても当初の予定範囲内の在庫量なので、大量在庫に恐怖することはありません。

経営の負担が少ないという点から見れば、それこそ効率的な経営スタイルなのです。

**限定販売は、「希少性の追加」と「在庫の恐怖からの解放」という、非会計と会計**

の両方を満たした妙手なのです。

## インターネット書店に対抗する

アマゾンなどのインターネット書店が台頭し、従来型の書店は大きな影響を被《こうむ》っています。

それ以外にも、コンビニで雑誌を買う人が増えたこと、駅ナカに書店が増えたことなど、書店をめぐる環境は昔に比べて厳しくなっています。

そこで、クイズです。

《クイズ⑥》

あなたは地方都市にある、主に専門書を扱う書店の社長。地元では有名な大型店ですが、インターネット書店の台頭や、全国チェーンの書店の進出など、不安な要素はたくさんあり、このままでいくと尻すぼみです。

そこで、この状況を打開する「妙手」をなにか打ちたいのですが、どんな方策が考えられるでしょうか？

（考える時間↓2分）

これはむずかしいと思います。

また、これこそ正解はひとつとはかぎりません。が、なにか、人とは違うアイデアを見つけられないか考えてみてください。

さて、それでは正解のひとつとして、私が昔から妙手だと思っていたある本屋さんのやり方をご紹介しましょう。

いまから20年ほど前、私の地元・神戸に専門書をたくさん置く本屋さんがあったのですが、そこのウリが「座り読みコーナー」でした。自動販売機のあるスペースにイスとテーブルが置いてあって、自由に店内の本を読むことができたのです。

ふつう、本屋さんでの立ち読みは嫌がられるものです。一冊まるまる読み終えたら、買ってもらえなくなるかもしれません。

それなのに、この本屋さんはあえて「どうぞ、じっくり座って読んでください」といっているのです。

これは一見、本屋さんの自暴自棄《じぼうじき》にも見えるやり方です。しかし、これこそ妙手です。

「座り読み大歓迎の本屋」というインパクトによって書店へのイメージや信頼性をアップさせる、という側面だけではありません。

そもそも書店業は薄利多売の商売です。そんななか、数千円もする単価の高い専門書を売ることこそが、経営を安定させます。そして、高価なモノを売るためには、お客さんがじっくりと中身を吟味《ぎんみ》して納得することが前提条件となります。

だからこそ、座り読みコーナーが設置されていたのです。**つまり、高価格帯商品を売るための工夫という会計的な側面もあったのです。**

その後、この神戸の本屋さんがどうなったかというと、ここ10年で急速に店舗を拡大し、インターネット書店にも対抗しうる全国的にも有名な書店になりました。そして、いまでも各店舗に「座り読み」のためのイスが置かれています。

――その名を「ジュンク堂書店」といいます。

## 妙手はいたるところに

クイズ③～⑥でご紹介した以外にも、妙手はいたるところにあります。

たとえば「ドミナント戦略」。

小売業が特定の地域に集中して店舗展開することをいいますが、「なんで同じコンビニが、ひとつの駅の周辺に何店舗もあるんだ⁉」と疑問に思ったことはありませんか？

ふつうに考えると、お互いの店がお客さんを食い合ってしまうので、たいへん非効率的です。実際、一地区一販売店にする「テリトリー制」を採用している会社もあります。

しかし、お弁当を扱うコンビニなど、一日に何度も配送があるような業種では、同一地域に集中することで商品の輸送がたいへん効率的になるのです。

おまけに、その地域での知名度アップが図れるなど、流通コストが下がるという会計的なメリット以外の非会計的なメリットも同時に得られるのです。

これも、妙手のひとつといえます。

別の例では、中央から現場への「権限譲渡」。

これもときとして立派な妙手になります。

全国展開をしているある衣料品店の話ですが、商品ラインナップの見直しをしたい場合、従来は本部の担当部署の許可を得る必要があり、へたをすると1カ月くらいかかっていたそうです。

これだと、「いまこの地域は厳寒だから、あったかいものを売りたい！」と現場が思っていても、商品が届く頃には春になっていたりします。

そこで、この衣料品店は現場への権限譲渡を進め、各店がそれぞれ工場と交渉して仕入れなどを行えるようにしました。

その結果、環境の変化に応じた迅速《じんそく》な対応が可能になり、売上が伸びたそうです。

また、本部の在庫も少なくできます（会計的メリット）。さらには、現場にやる気が出るという効果もあったのです（非会計的メリット）。

これも立派な妙手です。

１００円ショップなどの「均一価格販売」も妙手です。

お客さんにとって価格がわかりやすいだけでなく、販売側も「ややこしいレジ作業」から解放され、誰にでもレジを任せられるようになります。

広告の際に盛んに行われる「プレゼントキャンペーン」も妙手です。

これは、プレゼントという目玉を作ることで広告自体の注目度を高めるだけでなく、プレゼント応募者の名簿を入手することで、営業やマーケティングにも活用できるというメリットがあります。

「他店より1円でも値段が高い場合はお知らせください」というビラが貼ってあるお店がありますが、これも妙手です。安値のアピールでお店への信頼度を高めつつ、利幅が薄くてもとりあえず売れるので在庫のリスクは軽減され、お客さんを使った情報収集もできる、という一石三鳥の妙手です。

**このように、うまくいっている経営の裏には、必ず「妙手」の存在があるのです。**

## ステークホルダー理論のあいまいさ

妙手は、利害が対立した場合にどうすればいいのか、ということについてもヒントを与えてくれます。

近年、会社のとらえ方のひとつとして、「ステークホルダー理論」という考え方が広まっています。

これは、株主（シェアホルダー）だけでなく、会社に関係するすべての利害関係者（ステークホルダー＝従業員、顧客、役所、地域住民など）を大事にしなければならない、という考え方です。

特定の関係者に偏ることなく、それぞれの関係者の理解を得ることが企業を存続させるうえで大事である、というこの考え方自体に間違いはないでしょう。

しかし、会社はどこを向いて経営をすればいいのか、という問いに対して、「ぜんぶが大事だよ」というのは論点をぼやかした回答のようにしか見えません。

たとえば、顧客（価格）と従業員（賃金）の利害が対立した場合に実務上どうすればいいのかといった点には、なにも答えてくれません。

さて、この問題に真っ向から「妙手」で挑んだ経営者のひとりを最後にご紹介しましょう。

それは、庶民に自動車を普及させた立役者、ヘンリー・フォードです。

## フォードの歴史的妙手

ヘンリー・フォード率いるフォード社は、大量生産によって低価格を実現したT型フォードで成功したのですが、世間からはよりいっそうの低価格化が期待されていました。

一方、社内では労働者の高い離職率に悩まされていました。顧客（価格）と労働者（賃金）の利害が対立していたのです。

1914年、フォードは当時の人々に衝撃を与える決定を行いました。フォード工場のすべての有資格労働者に日当5ドルを与えると発表したのです。

当時、デトロイトの自動車工場の日当が1～2ドルという時代でした。

「労働者への高賃金の支払い」と「低価格での車の販売」という一見矛盾した戦略を同時に行うことにどういう意味があったのか。

それは、まず自社の労働者が車を買えるようにすることで、自動車市場を拡大させ、売上をより伸ばすという妙手だったのです。

実際のところは、フォードの労働者の多くが対象者ではなかったようなのですが、労働者の価値を認めた「日当5ドル」の発表は、新聞各紙の第一面を飾り、労働者も世論も大歓迎しました。

これにより、ヘンリー・フォードはさらに有名になり、そういう意味では、副次的ですが広告効果も絶大なものになりました。

そうして、フォードはその後も、高賃金を実現するための効率的な生産方式作りに邁進《まいしん》したのです。

社会全体が大事なのはあたりまえ、それぞれの利害が対立したときこそ、経営者は妙手を打つために知恵を絞って考える必要があるのです。

介護会社が不祥事を起こした際なども、世間では「利益を優先すべきか、介護を優先すべきか」といったことが議論されましたが、これも本来はナンセンスな話です。

経営者ならば妙手を考え出して、「利益」と「介護」の両方を満足させなければならなかったのです。

## ギリギリまで考えろ

第3章でお話しした効率化や短期的な視点は、「禁じられた数字」を生み出す原因でもあります。

しかし、これを回避するために、逆に非効率や長期的なことだけに邁進しても、目の前の問題を解決することにはつながりません。

**大切なのは、ギリギリまで相反《あいはん》する両者を満たす解決策、「妙手」を考えることなのです。**

## 《第4章のまとめ》

### ビジネスは二者択一ではない

- 会計的に正しい判断→ビジネス的に正しいとはかぎらない
- 二分法 ―「単純な結論」「平凡な発想」を生む土壌

→「会計」と「非会計」という、相反する両者を一気に解決する方法(=妙手)を考えることこそ経営者の仕事

→優秀な経営者は、即断で「食い逃げされてもバイトは雇うな」とはいわない

→その発言自体、会計・数字にとらわれている証拠

### 「妙手」を打て

- うまくいっている経営の裏には、妙手が存在
  - ・自店で挟み込んで、ライバル店を撤退
  - ・3倍の人件費をかけた「三位一体営業」
  - ・限定販売
  - ・座り読み大歓迎の本屋さん
  - ・ドミナント戦略
  - ・現場への権限委譲
  - ・均一価格販売
  - ・プレゼントキャンペーン

  →会計と非会計の両方の要素をあわせ持つ
- 利害が対立したときにこそ、妙手は役立つ

  〈代表例〉

  フォードの「日当5ドル」
- 妙手を考えるためには？

  ①二分法を捨てる

  ②視点を大きく変えてみる

  ③ギリギリまで考える

終章

# 会計は世界の1/2しか語れない

## 会計は科学

## 会計は科学、ビジネスは非科学

ビジネスと会計は隣接した分野ですが、根本的にはまったく異なる性質のものです。

水と油ほどに違うものだと思ったほうがいいでしょう。ビジネスはできても会計はできない経営者がいたり、会計には強くてもビジネスの場では役に立たない会計士がいるのはそのためです。

ビジネスと会計とでは、求められる能力がまったく異なるのです。

会計はそもそも科学的な学問です。

「現象の再現性」「反証《はんしょう》可能性」が大事とされている自然科学と同じで、誰がやっても同じ結果にならなければいけません。

誰かが作った決算書だと黒字なのに、私が作った決算書では赤字になった、ということは起きてはならないのです。会計士が計算しても、小学生が計算しても、必ず同じ金額になります。そういう意味で、会計はとても科学的です。

一方、ビジネスは非科学的な分野です。

同じビジネスモデルなら誰がやっても同じ結果だ、ということはまずありえません。トヨタの生産方式を完璧にマネしても、トヨタのようになれるとはかぎりません。楽天と同じタイミングで起業して、同じようなビジネスをしたとしても、楽天のように大きくなれるとはかぎりません。

『さおだけ屋はなぜ潰れないのか？』についても、その発売がもう1年早くても、あと1年遅くても、ミリオンセラーという同じ結果にはなっていないと思います。

なぜなら、『さおだけ屋はなぜ潰れないのか？』のヒットの裏には、発売された2005年当時、ライブドアのニッポン放送買収騒動など、会計が関係する経済ニュースが巷《ちまた》にあふれていたという社会的背景があったからです。もちろん、本の出版時期は計算されたものではないので、まさに偶然の産物《さんぶつ》です。

ビジネスには地域性や業界事情、インフラ、人の心といったさまざまな要素がからんできます。そのため、まったく同じように再現することは不可能ですし、法則化してもその法則どおりになるとはかぎりません。そういう意味で、ビジネスはとても非科学的です。

**会計＝科学**
**ビジネス＝非科学**

会計のような金額重視・効率化重視の考え方だけでは、ビジネスのすべてを語ることができない根本的な原因はここにあります。

また、会計数字の説得力がきわめて強いのもここに原因があります。ただでさえ数字は説得力が強いのですが、会計は科学なのでさらに説得力が増します。なぜなら、人は科学の前にはなかなか反論できないのですから。

## 内部統制とビジネスのソリが合わない理由

「内部統制」を厳しくすることが求められている金融商品取引法(J-SOX法とも呼ばれる)の施行で、上場企業はその対応に大わらわです(2007年当時)。

内部統制とは、社内で不正やミスが起きないための仕組みのことです。具体的には、内部監査人などを置いて社内をチェックさせたり、あらゆる業務を文書化して誰でもそのとおりに業務が行えるようにします。

内部統制は、社外の人が安心して取引したり株を売買したりするために必要な仕組みなのですが、社内の評判はあまりよろしくありません。

その理由は、「チェックのためにいちいち他人の承認を得るのが面倒だ」「文書化しづらいイレギュラーな業務も多い」「チェック機能である内部統制が有効に働いているかどうかを、内部監査人がさらにチェックするのでお金がかかる」といったもので、現場で自由に業務を行っていた人たちほど不満の声をあげています。

内部統制がビジネスの現場とソリが合わないのは、至極あたりまえなことです。

というのも、内部統制はもともと「会計数値を正確にするにはどうすればいいのか？」というのが出発点なので、会計の発想で作られています。

**つまり、科学的な会計から生まれた産物である内部統制と非科学的なビジネスは、どちらかといえば真っ向から対立する概念なのです。**

しかし、非科学的なものに科学的な光を当てることで行動が効率化するなど、新たな効果も期待できます。

## 会計的な視点はいらない？

私はこの第2部のなかで、「非効率も大事である」「会計と非会計の両者を兼ね備えた妙手を打て」といってきたので、効率化を求める会計的な視点は結局いらないんだと思われた方もいるかもしれません。

しかし、それは違います。

会計的な視点はふだんの生活ではなかなか身につかない考え方なので、逆にこれを知ると、これまでとは違った新たな視点を手に入れることができます。先入観や常識を一度、壊してくれる効果があるのです。

**《クイズ⑦》**

**同じような商品が２つ並んでいます。あなたならどちらを買いますか？**

**「~~定価１０００円~~　特価８００円」**

**「定価７００円」**

（考える時間↓３秒）

「特価８００円」のほうがお得に感じる人もいるのではないでしょうか？　商品を買う際に、定価からの値引き度合いを基準に判断するというパターンです。

しかし、このクイズ⑦の前提が『同じような商品』なので、「定価７００円」のほうが安くてお得です。

「定価1000円」のほうが高い分だけ良い品ならかまわないのですが、定価はあくまでも販売側が売りたい価格なので、本当に「定価1000円」のほうが「定価700円」より良い品かどうかはわかりません。

定価は、品質よりも広告費や流通コスト、ほかの商品とのバランスで値付けられるケースが多々あります。そもそも、「定価1000円」は、最初から値引き前提で売られている商品かもしれません。

一般的な感覚では「特価800円」が正解かもしれませんが、会計的な視点から見れば、金額重視主義により「定価700円」が正解になります。

節約をしたいときに、「昼食の1500円は高いからダメ」「飲み会の3000円は安いからOK」というのも要注意です。

世間の相場としては間違っていませんが、会計的な視点から見れば、昼食の「1500円」より、飲み会の「3000円」のほうが明らかに金額的に高いのです。だから、昼食の1500円は大目に見ても、飲み会の3000円はおごってもらうか回避すべきなのです。

「年収2億円から6000万円に下がった芸能人」と「年収4000万円から5000万円

に上がったサラリーマン」のどちらがお金持ちかというと、会計的な視点から見れば、600万円の芸能人のほうが断然お金持ちです。

## みんな異なる基準を持っている

ところが、「年収2億円から600万円に下がった芸能人」と「年収400万円から500万円に上がったサラリーマン」のどちらが満足しているかというと、500万円に上がったサラリーマンのほうが断然満足していると思います。

それが一般的な感覚です。

一般に人は、金額とは異なる基準をもとに幸・不幸、満足・不満を感じるのです※。

この場合の基準は「前年との比較」です。

また、「~~定価1000円~~　特価800円」と「定価700円」を比較する場合、「特価800円」のほうが200円値引きをしてもらったお得感があるので、満足度は「特価800円」のほうが高いでしょう。

これは、基準が「お得感」に置かれているからです。

会計的な視点を貫くと確実に節約はできますが、買い物で満足感を得られるかどうかはまた別問題です。

人は感情のままに行動した場合、自分の感覚的な基準で判断します。そんなときは、会計的な視点で一度、冷静になって考えてみるのがいいでしょう。

そのうえで、「感情」をとるのか「勘定」をとるのかを選べばいいのです。

※これを行動経済学では、「参照点依存性」と呼びます。

## 会計は世界の½しか語れない

あらゆる経済活動は、会計と非会計のバランスをとりながら動いていると思っていいでしょう。

それは国家であっても同じで、たとえば税金の徴収でも、会計的な効率を優先するなら消費税が優れています。

実際に払うのは国民ひとりひとりでも、税務署に支払う事務手続きをするのはお店なので、税務署にとってはお店の数だけ相手にすればよく、事務処理として効率的なのです。また、日本の消費税は税率が一律でわかりやすいという面もあります（2019年10月の消費税率引き上げにともない軽減税率制度が導入され、複数税率となっ

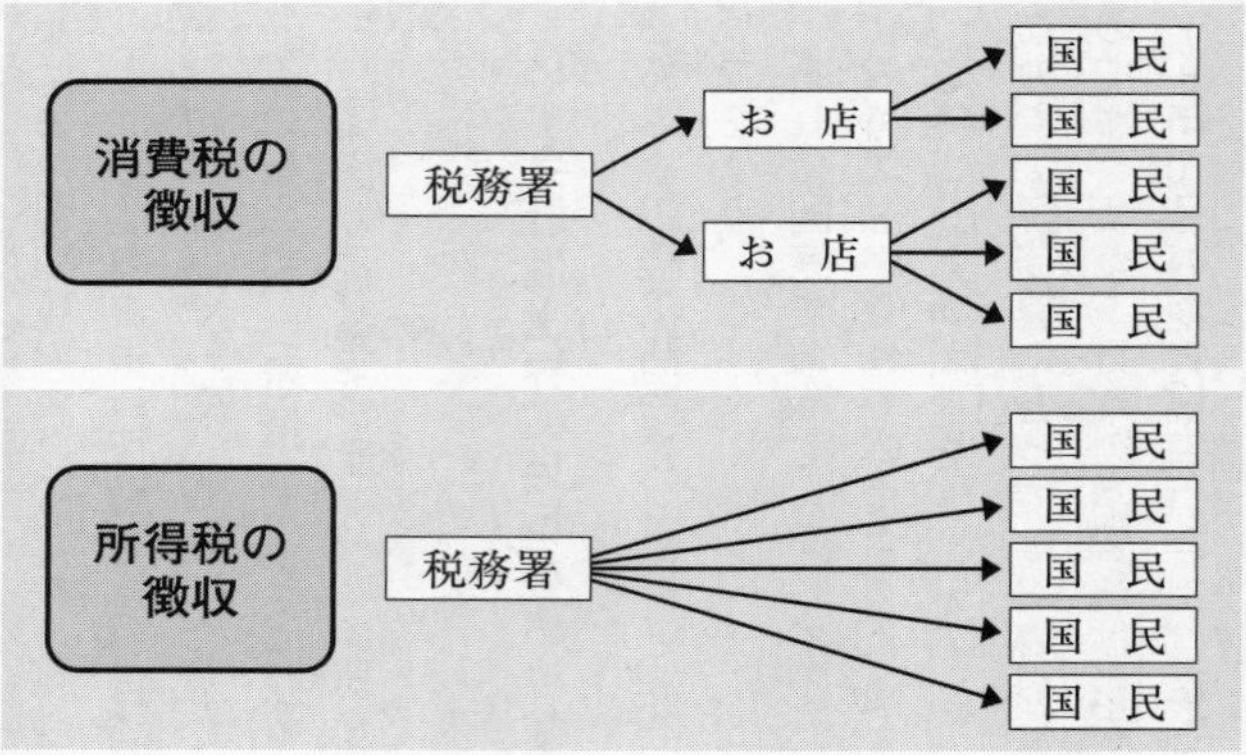


た）。

一方、所得税・法人税は、国民ひとりひとりを相手にするので、税務署にとって確定申告の事務処理などはたいへんです※。また、税率が人・会社によって異なり、自己申告なので脱税も多いという面もあります。

※それを一部、効率化させているのが、会社による源泉徴収制度です。

効率がいいなら税金なんてみんな消費税にしちゃえばいいじゃないか、という考えが出てくるかといえば、そんなことはありません。

なぜなら、所得税は儲かり具合に応じた税金の負担（担《たん》税《ぜい》力《りょく》）を公平にできるのに対して、消費税は金持ち・貧乏に関係なく同じ税率を負担しなければならないからです。

年収1億円の人にとっての500万円と、年収100万円の人にとっての5万円では、同じ5%でも日常生活において負担に感じる重さは異なります（この、収入が低い人ほど負担が重く感じることを逆進性《ぎゃくしんせい》と呼びます）。

消費税のほうが効率的でわかりやすいのですが、それだけでは公平にはなりえないのです。非効率ながらも、所得税は公平性を保つために存在しているのです。

民主主義でも、自由と平等というなかば対立しかねない概念を共存させようと努力しています。それと同様に、経済活動も会計と非会計を共存させようと、税金も効率と非効率（公平性）のバランスをとろうと努力しているのです。

**ですから、会計側の発想から生まれているものについては、それがどんなに優れていても世界の½しか語ることはできません。**

## 「310億円のムダ遣い」で驚く人たち

会計と非会計の両方を共存させることが大事だ、ということを長々と語ってきましたが、最後につぎのエピソードをご紹介したいと思います。

テレビを見ていると、おかしな光景に出くわすことがよくあります。
先日もつぎのようなことがありました。
「国費310億円、ムダ遣い　会計検査院指摘」というニュースをテレビで見たときのことです（2007年11月）。
これは毎年出てくる話題で、「会計検査院がこんなにもムダ遣いを摘発《てきはつ》しました！」という感じで必ず報道されます。そのときも同じような報道がなされており、番組のコメンテーターも「ムダ遣いをもっと減らさないと」とコメントしていたのですが、これはどう考えてもおかしな光景です。

**《クイズ⑧》**
**右の話は、なぜおかしな光景といえるのでしょうか？**

（考える時間→1分）

なぜおかしいかというと、それは「310億円」という数字だけに反応したコメントのように思えたからです。

少し調べれば誰でもわかることですが、２００６年度の一般会計と特別会計の重複分を除いた純歳出は２５０兆円。

**そこから「３１０億円のムダ遣い」を割合で表すと、わずか０・０１２％にしかすぎないことがわかります。**

企業がコストを5％、10％と必死で削っているなか、国のムダ遣いが０・０１２％しかないなんて、ホンマかいな？　と疑いたくなるくらいの小さな数字です。

たとえるなら、月25万円の家計のムダ遣いが「たった30円」しかなかった、という計算です。それを、「３１０億円とは、なんて多額な！」と驚くのは、まったくのナンセンスです。

どちらかというと、マスコミやコメンテーターはこの数字に対し、「それだけしかムダ遣いがなかったなんてホント？」「会計検査院は手を抜いていないか？」「なにか会計検査院に圧力でもかかっているんじゃない？」といったツッコミを入れるべきところなのです。

この場合、金額とパーセンテージという、絶対と相対の両方の視点から見なければ問題の本質は見えてきません※。

国が発表した金額を素直に見て、「こんなにムダ遣いを！」と騒ぐのは、自ら単純さをアピールしているようなものなのです──。

**会計・非会計の話にかぎらず、ビジネスにおいても、生活においても、大事なのは複数の視点を常に持つことです。**

そして、それをベースに考え抜くことなのです。

※第1部では、「節約はパーセンテージよりも金額（絶対額）」とお話ししましたが（125ページ）、それは一般企業や個人の視点の場合であって、国家のような巨額を扱う組織を対象とした場合については、絶対額だけだと実感がなさすぎて本質を見失います。日本の国の借金が542兆円でも452兆円でも正直その差がわかりづらい、という話と同じ現象です（129ページ）。

## タイトルの意味は？

視点ということでいうと、私の尊敬する人たちはみんな、偏狭《へんきょう》な考えを持たず、幅広い視野、複数の視点からものごとを考えています。私もそうした人々をできるだけマネしようと心がけています。

**第1部と第2部のタイトル**も、**視点を意識したものです。**

『食い逃げされてもバイトは雇うな』『「食い逃げされてもバイトは雇うな」なんて大間違い』という正反対の言葉には、180度違う視点であっても知るべきである、という私の仕事のスタンスを込めています。

第1部では、「使うべき数字」として、さまざまな数字のテクニックをご紹介しました。

第2部では、「禁じられた数字」として、数字のダメな使い方をご紹介しました。

そして、その背後にある土壌についての話をしました。

現在ビジネスで良しとされている〝計画〟や〝効率化〟を「ダメな土壌」としたので、そんな常識はずれな！　と思った方もいたかもしれません。

しかし、常識というのは複数ではなくて単一の視点です。

そこからはずれているとしたら、おおいにけっこう。

私にとっては、まさに褒《ほ》め言葉です。

**「食い逃げされてもバイトは雇うな」というのは、単一の視点であることこそが、大間違いなのです。**

## 《終章のまとめ》

### ビジネスと会計では世界が180度違う

- 会計は科学―どんな環境でも同じ結果
- ビジネスは非科学―環境が異なれば、結果も異なる

→「会計がわかればビジネスもわかる」は根本的に間違い

〈代表例〉

「ビジネスはできても会計はできない経営者、会計に強くてもビジネスでは役に立たない会計士」「ソリが合わない内部統制とビジネス」

### 会計的な視点が必要な理由

- 会計的な視点（金額重視主義）

→ふだんの生活では身につかない考え方

→新たな視点、先入観や常識を一度壊してくれる

→感情に流されない合理的判断

- 人は金額とは異なる基準をもとに幸・不幸を感じる

→自分の感覚的な基準で判断

〈代表例〉

前年との比較、お得感

→勘定を優先することと、幸せかどうかは別問題

→会計的な視点を一度取り入れたのち、「感情」か「勘定」かを選べばいい

### 会計は世界の1／2しか語れない

- あらゆる経済活動は、会計と非会計のバランスをとりながら動いている
- 会計の発想から生まれるもの

→どんなに優れていても、「会計側の世界」しか語れない

### 第１部・第２部のタイトルの意味

- ビジネスでも生活でも、大事なのは複数の視点を常に持つこと
- 「食い逃げされてもバイトは雇うな」→単一の視点こそ大間違い

## あとがき

### 強すぎた想い

第2部「『食い逃げされてもバイトは雇うな』なんて大間違い」は、1年かけて何度も何度も書き直しをしました。書いた原稿量は、実際に本になった分の4倍はくだらないでしょう。

いまから思うと、もともとの原稿はもっと「どぎつい」内容でした。つまり、もっと毒舌で、もっと挑戦的だったのです。

そうなってしまった理由は、想いが強すぎたせいだと思います。

想いとは、「会計信仰」への反発です。

会計についてはここ数年、ビジネス書・ビジネス誌を中心に頻繁にとりあげられていますが、**私は「会計が信頼されすぎている」と感じています。「会計がわかればビ**

**ジネスがわかる」的な過大評価が目につくのです。**

計画や効率化といったものについての評価も同様です。学問の理論上は正しいことなのでしょうが、実務をやっている人間にとって、計画や効率化はときとして苦々しいものです。

私は会計はもちろんのこと、計画や効率化が嫌いなわけではありません。ただ、会計・計画・効率化は、一方では「禁じられた数字」を生み出す土壌でもあります。それを無批判で信仰する人たちに対して、強烈な違和感を覚えていた——これが、もとの原稿がギラギラとどぎつかった原因です。

しかしながら、この本はあくまでもビジネス書。私の不満をぶつける場では決してないので、会計・計画・効率化に対する批判は「やんわりと」書いたつもりです。

書き直しではなく、削ってしまった原稿もたくさんあります。貨幣論や金融論、リスク論などです。

しかし、そうした話題にまで及んでしまうと、コンセプトがぼやけるうえ、とても分厚い本になってしまうので、今回は涙をのんでカットいたしました。

なにせ、この第2部も1時間で読めることを目指したビジネス書でしたので（それでも第2部は第1部よりも厚くなってしまったので、読了に1時間半程度かかると思います)。

## 本書の隠れた使命

さて、第1部の「『あとがき』というか『なかがき』というか解説」でも書きましたが、前著『さおだけ屋はなぜ潰れないのか?』で「数字のセンス」についてとりあげたところ、予想外に大きな反響をいただきました。

数字をうまく使いこなすセンス、数字に騙されないセンスを身につけたいと望んでいる方がたくさんいることを知り、私は「このセンスというとらえどころのないモノを、なんとか体系化できないか」と考えました。

これが、本書を書くことになったキッカケです。

そしてその試みは、第1部と第2部の第1章でほぼ達成できたと思います。

**数字のセンスの真髄とは、結局のところ第2部の終章でいった、複数の視点を持つということだと思います。**

ひと言でいえばそれだけなのですが、これが、なかなか身につかない。

特に、文字では考えられるけれど数字になったとたんに思考停止してしまうという方にとっては、第1部の「数字を使いこなす」ことよりも、第2部の「数字に騙されない」ことのほうが優先課題でしょう。

そこで、第2部は、数字に騙されない「考える力」ができるだけ早く身につくような構成にしました。

「この数字の裏側はなにか？」「計画に縛られていないか？」「会計・非会計のどちらかに偏っていないか？」「妙手はないか？」と順に考えていくトレーニング・マニュアル――それが第2部の実体です。

数字のセンスを身につけるために、数字をとおして「考える力」をも鍛《きた》えるのが、この本書の隠れた使命だったのです。

## 「数字のセンス」を身につけることは必要か？

最近では、子供に対する金融教育の必要性なども叫ばれていますが、金融やお金うんぬん以前に、数字について正しく学ぶことこそ必要であると私は考えています。

数字に踊らされている大人が子供に利殖を語ったところで、説得力がありません。

たしかに、数字をとおして「考える力」を鍛え、数字のセンスを身につけたところで、すぐに儲かるといった話にはなりません。

**しかし、技術革新による情報の量的拡大、広告文化の発展にともなう「煽《あお》る情報」の質的進歩などは、私たちに「考える力」や数字のセンスを身につけることを求めています。**

変化に対応することは、第2部の第2章でお話しした「計画」と同じく、数字の世界でも必要なことなのです。

数字の話は、このへんでおしまいにしましょう。

数字に対して、無自覚でも無批判でもないつきあいができれば、数字はべつに怖いものでもむずかしいものでもありません。

第1部の最初にお話ししたとおり、**意識さえすれば数字は誰でもうまくなれるのですから。**

第1部・第2部にわたりおつきあいいただき、ありがとうございました。

山田真哉

（企画協力）沼口哲也・沼口悦子・伊藤文彦・松井謙明・近藤仁・近藤敦美
持永律子・黒須雄一・徳田真知子・藤原萌実

# ミニミニ会計セミナー

## 3分でわかる「貸借対照表《たいしゃくたいしょうひょう》」

第4章で活用した決算書は損益《そんえき》計算書でした。

損益計算書は、売上から費用を引く、という比較的わかりやすい計算書です。

しかし、決算書のなかで重要なのは、損益計算書だけではありません。

**貸借対照表**も重要です。

貸借対照表とは、会社がいま持つ〝財産〟と〝その財産を獲得した背景〟とを、ひと目で見ることができるよう、表にしたものです。


貸借対照表の見方ですが、会社の財産を**資産**（プラスの財産）と**負債**（マイナスの財産）に分類します。


〈資産の例〉

現金預金、売掛金《うりかけきん》、商品、建物、投資有価証券

〈負債の例〉

買掛金《かいかけきん》、未払金、預り金、借入金《かりいれきん》

# 貸借対照表

(平成19年3月31日現在)

単位：百万円

| 資産の部 | |
|---|---|
| 科目 | 金額 |
| **流動資産** | **151,327** |
| 現金及び預金 | 46,818 |
| 受取手形 | 406 |
| 売掛金 | 14,995 |
| 商品 | 50,519 |
| 貯蔵品 | 397 |
| 前払費用 | 2,463 |
| 未収入金 | 15,873 |
| 為替予約 | 17,692 |
| その他 | 2,167 |
| 貸倒引当金 | △ 8 |
| **固定資産** | **50,742** |
| (有形固定資産) | ( 24,509) |
| 建物 | 6,565 |
| 建築物 | 1,430 |
| 器具備品 | 5,104 |
| 土地 | 11,308 |
| 建設仮勘定 | 100 |
| (無形固定資産) | ( 248) |
| ソフトウェア | 247 |
| 電話加入権 | 0 |
| (投資その他の資産) | ( 25,984) |
| 投資有価証券 | 0 |
| 長期前払費用 | 19 |
| 敷金・保証金 | 15,690 |
| 建設協力金 | 10,268 |
| その他 | 39 |
| 貸倒引当金 | △ 33 |
| **資産合計** | **202,069** |

| 負債の部 | |
|---|---|
| 科目 | 金額 |
| **流動負債** | **89,200** |
| 買掛金 | 23,891 |
| 未払金 | 17,845 |
| 未払法人税等 | 27,980 |
| 未払消費税等 | 4,277 |
| 未払費用 | 10,371 |
| 預り金 | 3,978 |
| 繰延税金負債 | 611 |
| その他 | 243 |
| **固定負債** | **8,571** |
| 長期借入金 | 1,663 |
| 繰延税金負債 | 6,907 |
| **負債合計** | **97,771** |
| **純資産の部** | |
| **株主資本** | **77,820** |
| 資本金 | 1,000 |
| 資本剰余金 | 51,703 |
| 資本準備金 | 51,703 |
| 利益剰余金 | 25,117 |
| 利益準備金 | 0 |
| その他利益剰余金 | 25,116 |
| 任意積立金 | 41 |
| 繰越利益剰余金 | 25,075 |
| **評価・換算差額等** | **26,476** |
| 繰延ヘッジ損益 | 26,476 |
| **純資産合計** | **104,297** |
| **負債・純資産合計** | **202,069** |

※単位未満四捨五入のため、合計とは合致しないものがあります。

資産とは会社がいま持つ〝財産〟のことであり、負債とは〝その財産を獲得した背景〟のことです。

世間的には負債＝借金ですが、会計用語の負債は借金に限らず、まだ払っていない代金（買掛金・未払金）なども含めているのがポイントです。

資産と負債の関係ですが、

- 借金（負債）をするから、現金（資産）が増える
- 掛《かけ》で買う（買掛金＝負債）から、材料（資産）が手に入る

というように、資産と負債は表裏一体の関係です。なので、貸借対照表では並列しているものとして資産と負債を横に並べます。

そして、ここからちょっと話がむずかしくなるのですが、資産と負債の差額部分を純資産と呼びます。

もし純資産がプラスなら、資産のほうが負債より多いということになります。この純資産の部分は、負債と表裏一体の関係にない、つまり、負債に頼っていない自立した資産といえます。

ただちに会社を解散した場合、計算上この純資産の金額が財産として残るので、**解散価値**ともいわれます。

〈純資産の例〉

資本金、利益剰余金（これまでの当期純利益の蓄積分）、自己株式、為替換算調整勘定《かわせ》

## 私が実際によく使う分析指標

ここでは、私が会計実務や株式投資で実際によく使っている分析指標を7つ、紹介いたします。

**◆当座比率《とうざひりつ》**

（現金預金＋受取手形＋売掛金＋有価証券−貸倒引当金《かしだおれ》）÷流動負債×100＝当座比率（％）

近々支払わなければならない負債に対して、支払能力がどれだけあるかがわかる指標です。100％を下回ると支払能力が足りません。リトマス試験紙のようにはっきりと支払能力が判明するので、**酸性テスト**とも呼ばれています。

**◆有利子負債比率《ゆうりしふさいひりつ》**

有利子負債÷資産×100＝有利子負債比率（％）

借入金や社債など、利子が発生する負債を有利子負債というのですが、この有利子負債が資産全体に占める割合がわかる指標です。資金調達における有利子負債への依存度合いがわかるので、**借入金依存度**とも呼ばれています。少なければ少ないほど、返済や利子の負担も少ないので経営的に安全です。

◆売上債権回転日数《うりあげさいけんかいてんにっすう》

(受取手形+売掛金)÷(売上高÷365)=売上債権回転日数

商品を販売してから代金を回収までにかかる日数がわかる指標です。日数が短ければ短いほど、現金化が早いということです。資金繰《ぐ》りがよくなります。

◆在庫回転日数《ざいこかいてんにっすう》

棚卸《たなおろし》資産÷(売上原価÷365)=在庫回転日数

在庫が出荷されるまでにかかる日数がわかる指標です。日数が短いほどよく、長いと不良在庫が多いということです。ただし、短すぎると品切れの恐れがあるともいえます。商品別に見ると、短いものは売れ筋商品であり、長いものは死に筋の商品といえます。

◆時価総額《じかそうがく》

株価×発行済株式数=時価総額

株式市場から見た会社の価値を示す金額です。株価をもとに算出されるので、会社の規模にかかわらず、市場からの期待が高いと時価総額も高くなります。

### ◆PER（株《かぶ》価《か》収益率《しゅうえきりつ》）

時価総額 ÷ 当期純利益 ＝ ＰＥＲ（倍）

当期純利益に比べてどれくらいの株価がついているのかがわかる指標です。この倍率が高ければ高いほど期待が高い株です。一方、低い株は期待も低い反面、お手ごろ価格で買いやすい株ともいえます（割安株）。標準的な目安は20倍で、ＩＴ関連など高成長が期待されている業界では、１００倍以上の倍率をつけている会社もあります。

### ◆PBR（株《かぶ》価《か》純《じゅん》資《し》産《さん》倍《ばい》率《りつ》）

時価総額 ÷ 純資産 ＝ ＰＢＲ（倍）

時価総額が純資産の何倍なのかがわかる指標です。通常は将来への期待の分だけ、純資産よりも時価総額のほうが高くなります。１倍以下ならその会社の将来への期待はマイナス、つまりその会社は純資産（解散価値）よりも価値がない、という市場の低評価を示しています。

光文社未来ライブラリーは、
海外・国内で評価の高いノンフィクション・学術書籍を
厳選して文庫化する新しい文庫シリーズです。
最良の未来を創り出すために必要な「知」を集めました。

本書は2007年4月に刊行した
『食い逃げされてもバイトは雇うな 禁じられた数字〈上〉』と、
2008年2月に刊行した
『「食い逃げされてもバイトは雇うな」なんて大間違い 禁じられた数字〈下〉』
（いずれも光文社新書）を合本し、加筆修正を行い文庫化したものです。

光文社未来ライブラリー

# 数字《すうじ》が苦手《にがて》じゃなくなる

著者 山田真哉《やまだしんや》

2023年4月20日　初版第1刷発行

カバー表1デザイン　bookwall
カバーイラスト　オカヤイヅミ
本文・装幀フォーマット　bookwall
編集協力　柿内芳文（株式会社STOKE）
発行者　三宅貴久
印　刷　萩原印刷
製　本　ナショナル製本
発行所　株式会社光文社
〒112-8011東京都文京区音羽1-16-6
連絡先　mirai_library@gr.kobunsha.com（編集部）
03(5395)8116（書籍販売部）
03(5395)8125（業務部）
www.kobunsha.com
落丁本・乱丁本は業務部へご連絡くだされば、お取り替えいたします。


ISBN978-4-334-77068-6　Printed in Japan

## 光文社未来ライブラリー　好評既刊

### 第1感
「最初の2秒」の「なんとなく」が正しい

マルコム・グラッドウェル
沢田 博
阿部 尚美 訳

一瞬のうちに「これだ！」と思ったり、説明できない違和感を感じたり。この「ひらめき」がどれほど人の判断を支配しているのか、多くの取材や実験から、驚きの真実を明かす。

### 子どもは40000回質問する
あなたの人生を創る「好奇心」の驚くべき力

イアン・レズリー
須川 綾子 訳

「好奇心格差」が「経済格差」に！　知ることへの意欲＝好奇心は成功や健康にまで大きな影響を及ぼす。好奇心はなぜ人間に必要なのか、どのように育まれるかを解明する快著。

### 誰もが嘘をついている
ビッグデータ分析が暴く人間のヤバい本性

セス・スティーヴンズ＝ダヴィドウィッツ
酒井 泰介 訳

検索は口ほどに物を言う！　グーグルやポルノサイトの膨大な検索履歴から、人々の秘められた欲望、社会の実相をあぶり出した全米ベストセラー。（序文・スティーブン・ピンカー）

### ありえない138億年史
宇宙誕生と私たちを結ぶビッグヒストリー

ウォルター・アルバレス
山田 美明 訳

今の世界を理解するには、宇宙誕生から現在までの通史――「ビッグヒストリー」の考え方が必要だ。恐竜絶滅の謎を解明した地球科学者による科学エッセイ。鎌田浩毅氏推薦・解説。

### サッカーマティクス
数学が解明する強豪チーム「勝利の方程式」

デイヴィッド・サンプター
千葉 敏生 訳

勝ち点はなぜ3なのか？　スター選手は数学的に何が凄いのか？　サッカーのさまざまな「数学的パターン」を発見・分析し、プレイと観戦に新たな視点を与える話題作。